WILLIAMSON'S WONDERS

デビッド・ウィリアムソン
ウィリアムソンズ・ワンダー

リチャード・カウフマン 著
角矢幸繁 訳

東京堂出版

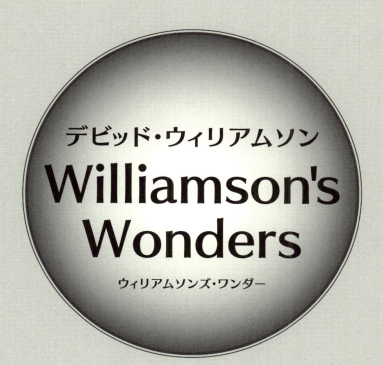

デビッド・ウィリアムソン
Williamson's Wonders
ウィリアムソンズ・ワンダー

著
Richard Kaufman

翻訳
角矢幸繁

出版
Kaufman and Greenberg

日本語版
東京堂出版

デビッド・ウィリアムソン (David Williamson)
1961年生、アメリカ・オハイオ州出身。9歳のときに贈られたマジックセットと偶然読んだ脱出王ハリー・フーディニの本によりマジックに興味をもつ。15歳からプロマジシャンとして活動を開始し、1981年に国際マジシャン協会(I.B.M.)コンテストで総合優勝。その後行ったヨーロッパでのレクチャーツアーで頭角を現わす。破壊的なコメディのスタイルと不思議なマジックで世界各国のテレビ番組に出演し、世界中のマジシャンがその演技を絶賛。現在はディズニーリゾートラインなどの豪華客船やプライベートパーティ、企業のショウなどでマジックを演じている。

©Copyright 1989 by Richard Kaufman.
All Rights Reserved. No part of this publication may be reproduced or transmitted in any form or by any means, electronic or mechanical, including photocopy, recording, or any information storage and retrieval system, now known or to be invented, without permission in writing.

本書はRichard Kaufmanから翻訳の許可を得て出版したものである。

もくじ

謝辞 5
まえがき 6

コイン

素晴らしいコインの消失 10
 ザ・リテンション・クリップ・バニッシュ 10
いかれたコインの飛行 14
リベート 17
ザ・ストライキング・バニッシュ 21
 開いた手の上で 21
 握った手で 23
 ビジュアルな変化 24
 キャップの中からコイン 25
 瓶の中に入るコイン 25
銅貨、銀貨、そして小銭入れ 27
願い事、かなえて 30
マネー・トーク 36
遅れをとっている時こそ、先んじている 43
ザ・チェンジ・バッグ 49

コインとカード

フローティング・アセンブリー 60
セロファンっぽい何か 64
カットしないで 68

カード

綴って、配って 80
インターレイスド・スウィンドル 86
背後からグサリ！ 93
駆け足の旅行者たち 97

ウィリアムソンズ・ワンダー

有名なスリー・カード・トリック *101*
催眠術師 *105*
トーン・アンド・レストアード・トランスポジション *110*
51カーズ・トゥー・ポケット *119*

その他

ヘリコプター・シルク・バニッシュ *126*
魔王の刃 *129*
ザ・ゴールド・カップス *133*

訳者あとがき *148*

謝辞

　まず最初に『ジ・アマチュア・マジシャンズ・ハンドブック』の著者、ヘンリー・ヘイに大いに感謝します。ヘンリー・ヘイは12歳の内気だった少年を、本のページをめくる度に自尊心を育て、しっかりとした生徒へと魔法のように変化させてくださいました。彼は、こうした滅多にない能力を持った稀有な人物でした。彼が持っていた強い忍耐力と芸術への愛によって、考え抜かれた練習の重要性とリハーサルされた演技の喜びを彼は私に伝えることが出来たのです。

　また、マイケル・アマー、ジョン・カーニー、そしてダローのマジック界の「ビッグ3」にも感謝します。この人たちは今までも、これからも、私の先生であり私のやる気を引き出す人たちです。

　また、"マジ・スキャム"という言葉の意味を教えてくれた、メリル"ファンニング・パウダー"コラーとジョン"ラフ液"エイキンにも大きな感謝を。

　本書を私の大親友で連れ合いのマーシャ・キャスドルフに捧げます。彼女は他の誰よりも魔法を教えてくれました。8年前に彼女と結婚するために彼女を騙しましたが、それ以来彼女を騙すことは出来ません。ですから、私は彼女から魔法を教わる熱心な生徒のままです。彼女は私に人生という名のレッスンも教えてくれています。もっと彼女から学びたいと思っています。

デビッド・ウィリアムソン
1989年6月

まえがき

　皆さんと同じように私がデビッド・ウィリアムソンの名前を聞いたのは「ザ・ストライキング・バニッシュ」の考案者としてでした。自分の気が滅入ってしまうくらいマジックが上手い、技法自慢の若手の1人としか思っていませんでした。

　それ以上彼のことは知りませんでした。そして、突然ヨーロッパでデビッド・ウィリアムソンという名前をよく聞くようになりました。必ず、彼の名前は崇拝にも似た熱意をもって語られました。もちろん、私は興味をひかれました（ヨーロッパの一部でアメリカ人のクロースアップマジシャンが高い評価を受けているならなおさらです）。

　今年になってやっとこの噂の人物を捕まえることが出来ました。デビッドがマジックキャッスルで1週間仕事をするために出てきたのです。そして、嬉しいことにスケジュールが偶然合って私もその場にいることが出来ました。

　彼のショウを見ようと急いでキャッスルへ出かけたら、そこにリチャード・カウフマンも駆け込んできました。本書の最終打ち合わせをするためにハリウッドまでやってきたのです。リチャードはこの本の前書きを喜んで書いてくれるかと私に尋ねてきました。私はこう答えました「たぶんね。でも、まずは彼の仕事ぶりを見てからだね」

　あなたが今この前書きを読んでいるということで、デビッド・ウィリアムソンの仕事ぶりがお分かりになるかと思います。ヨーロッパで私が彼について聞いてきたコメントは、風変わりなアイデアを持った賢い演者というものでした。これでも彼のことは十分に分かりますが、加えて心に深く残るほどの高い技術を駆使した非常にクリーンで自然な演技なのでした。

　私がすでに聞いていたこと以上に何も期待していませんでした。私が予想していなかったのは、デビッドの作品には洗練された心理学的な要素が多く含まれていたのです。これは現在のクロースアップ・マジックの中でも棚上げされ

まえがき

ているように思われる分野です。心理学的な理解について口ではいろいろどうとでも言われていますが、ほとんどの場合無視されています。誰もが自分だけしか興味が湧かない目新しいマジックといろんな技法の指使いの違いだけをヒステリックになって探しているだけだからです。

デビッド・ウィリアムソンはマジッククラブやマジックの大会で演技をするよりも、本物の観客に対してマジックを実際に演じて長期間生計を立てていました。これが彼の名前がそこまで有名になっていない理由です。もちろん、これがなぜ彼の仕事ぶりがこれほど良いかという理由にもなっています。

彼は稀有な存在で、彼がしていることを観客がどう見ているかしっかりと理解しています。この本では実際にどう演じるのか技術的な説明に沿って、その素晴らしい洞察も解説しています。

本書の中で十分に表現していない（そして、表現出来ない）ことは、デビッドの魅惑的な演技スタイルです。これも同じく素晴らしい。彼の演技を実際に見ることは、あなたにとって凄く楽しい体験になるでしょう。個人的な体験から言わせてもらえれば、その機会を待つだけの価値はあります。

　　　　　　　　　　　　　　　　　　マックス・メイヴェン
　　　　　　　　　　　　　　　　　カリフォルニア州、ハリウッドにて
　　　　　　　　　　　　　　　　　1989年6月

Coins
コイン

素晴らしいコインの消失

　消したコインを取り出す前に、間違いなく演者の両手の両側が空(カラ)に見える素敵なコインの消失法です。何気ない(空に見える)両手の様子は本当に説得力があるので、コインの出現は効果的なクライマックスとなります。唯一必要なのは、観客は座っている状況であなたが立って演じる状況になっていないといけないことだけです。これは『モダン・コイン・マジック』(J.B. ボゥボゥ著、1952年)の34頁掲載されているジミー・バッファローの「ニュー・イーラ・コイン・ゴー」から着想を得たものです。

リテンション・クリップ・バニッシュ：
　手のひらを下に向けた右手で50セント銀貨を右手の親指、人差し指、中指でつまんで持つところから始めます。手の甲は観客側に向いています。指先を伸ばした左手のひらにコインを置くように、両手を身体の前で近づけて、左手のひらの中央にコインを構えます(図1)。左手の指先を握り始めます。左手の小指が右手の指先の裏に触った状態になったらコインが観客から見えなくなりますので、そうなったら先の操作に進んでください。

　すぐに右手の中指を伸ばして、コインの表面の下部に当てます(図2は左手の指先を開いて見えやすくしています。図3は横から見た図です)。同時に右手の人差し指は伸ばしたままで中指を曲げるとコインが回転して水平になり、曲げた中指の上側にのった状態になります(図4)。コインの外側の縁を右手の人差し指と中指で軽く挟むようにします。

　右手をほんの2.5〜5センチほど右へ引きながら、左手の指先を完全に握ってしまいます。すぐに左手の握りこぶしを返します(指側が下を向きます)。隠し持っているコインが握った左手の甲側に隠れるまで、右手を左へ動かします。コインは左手の人差し指と中指の第2関節のすぐ下にあります。右手の親指を下げてコインの上に当てながら右手を少し返しますと、コインを左手の甲にしっかり押し付けることが出来ます(図5)。コインは右手の親指を離した後でも、その場所に残っていなければなりません。もしコインが落ちてしまうようでしたら、左手の甲が急な角度にならないように少し前へ傾けてください。覚えて

素晴らしいコインの消失

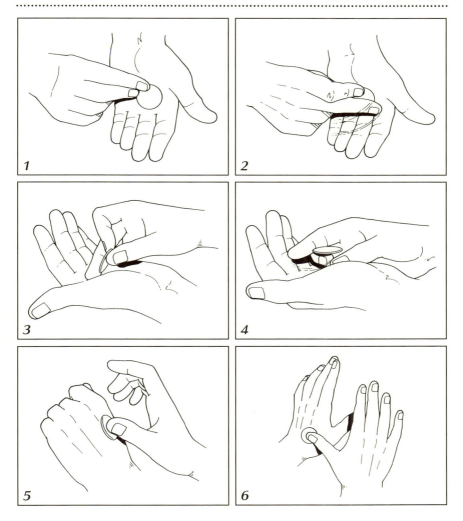

おいて頂きたいのは、観客は椅子に腰掛けていますから握りこぶしの甲側を見ることが出来ません。たとえ握りこぶしがほぼ床と平行になっていたとしてもです（それでも上手くいかない場合は最終手段として、この現象を始める前に指を握った左手をあなたの口元に持ってきて咳ばらいをするジェスチャーの陰で左手の甲を少し舐めてしまいます。方法として上品ではありませんが、上手くいきます）。

ウィリアムソンズ・ワンダー

　コインをその場所に押し付けたら、すぐに右手を5センチほど右へ動かしながら手のひらが上を向くように返し、左手の握りこぶしの真下で開きます。握っているコインを右手の上に落とすフリをして、左手の指先を開きます。すぐに何かを握ったフリをして右手を握って左手の真横で保持しています。両手はかなり近づいており、左手の親指の先が右手の真後ろにきています。
　右手の指先をニギニギしてから開き、コインが消えたことを示します。右手を左手の後ろ側に動かし、右手の親指の先で隠れているコインを**軽く**押し付けます（図6）。さあ、ここからは左手だけを動かします。手のひらを上に向けるように肘から返します。右手の親指でコインを押さえ続けると手の甲から手首の上にのることになります（図7）。

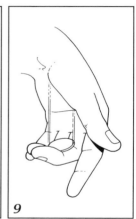

　右手の親指を上げてコインをその場に残しながら右手を前に動かし、左手の指先をさっとこすります（図8：観客から見た図）。観客は座っていますから、空の左手しか見えていないことに注意してください。動かしている右手が左手の指先を越えたら、左手と同じように手を返して同じ位置に持ってきます。左手を使って、右手の指先に向けて適当なジェスチャーをします。

　コインを出現させるには、手のひらを下に向けるように左手を急に返し、同時に左手首を内側に曲げ、指先を軽く曲げます。手首にのっていたコインは真下に落ち、待ち構えている指先の上にのります（図9）。左手の指先を曲げて握ります。握った左手の親指側にある穴から右手の親指と人差し指の先をギュッ

素晴らしいコインの消失

と差し込んで手の中のコインをつかみ、外へ引き出して示します。

　このコインの消し方は、バランス感覚とアクロバティックな操作が肝になっています。このようななめらかで流れるような動作というものは文章にすると大変伝えづらいものです。デビッドがこの演技をするとき、すべての動作は大変優雅で、みじんの怪しさや緊張は見えません。

　心に留めて頂きたい重要なポイントとして、観客はあなたの下からあなたの両手を見上げている点が挙げられます。角度を急にしない限り、左手の甲（最初は開いていて、後で握っている状態になります）の上でコインを保持するのは結構簡単に出来ます。この現象を正しく練習する唯一の方法は、鏡をセットした椅子をあなたの前に観客が見る距離だけ離して置いて練習するのです。こうすることで、コインを安全に手の甲の裏に隠すために左手をどこまで前に倒していいか、観客から状態が分かるまで試すことができます。

　最後に、この現象の最初に使ったコインの消失法は1981年に発表した『世界のコインマジック』（リチャード・カウフマン著、TON・おのさか訳、東京堂出版刊、2004年）の10頁に解説される以前にデビッドが独自で考案しました。「願い事、かなえて」で使っているこの方法の改案は、きっとあなたが注目するのに価する方法だと思います。

ウィリアムソンズ・ワンダー

いかれたコインの飛行

　どのような「コインの飛行」のマジックを演じようと、このマジックを正攻法で論理的に演じようとする人たちを震え上がらせるような弱点が普通存在します。コインを何度も数え直したり、コインをテーブルの上に叩きつけてそれを取り上げてといった動作を何度も何度も繰り返すのです。こうした非論理的でセコセコした動作は、使っている方法によってはどうしても避けられません。論理的に考える人たちは、いつもこのような"馬鹿げた"動作を避ける方法を探してきました。このような動作は見た目をわずらわせ、現象を弱めてしまうのです。この手順は、ダローの「ザ・ミステリアス・クロス・オブ・インディア」に触発されて完成しました（『ザ・シークレット・オブ・プエルトリカン・ギャンブラー』スティーブ・ミンチ著、自費出版、1980年）の70頁を参照してください。この作品自体は、高木重朗氏の作品からヒントを得ています）※注。

　デビッドは、このなかなか取り除けない余計な動作について彼自身の解決法を見つけました。これは簡単に演じられるため、多くの人が喜ぶ方法でしょう。4枚のコインが必要です。手順の最初にそのうちの1枚を左手にクラシック・パームしておきます。この手順をデビッドが演じているように終えたいのなら（これを知るとあなたの顔が恐怖でひきつるかもしれませんが）、上着を着ている必要があります。

　残った3枚のコインを広げて示し、片方の手の指先からもう片方の指先へ1枚ずつ移していきます（親指と他の指先でそれをつまむようにして持っています）。話しながら、コインを何気なく両手の間で何回か持ち替えます。こうすることで、両手が空であると印象づけられます。最終的にはファン状に広げた状態で3枚のコインを右手で持つようにします。

　右手を平らに開きながら、コインを指の上に落とししっかり示します。右手を握りながら手のひらが下を向くように返しながら、右手親指の先を使って一番上にあるのコインを指先の方にずらします（これはデビッド・ロスが考案した"数枚の中の1枚をクラシック・パーム"という技法の中で使っている動作です。13頁で触れた『世界のコインマジック』35頁、もしくは『デビッド・ロス・エキ

いかれたコインの飛行

スパート・コイン・マジック』(リチャード・カウフマン著、カウフマン・アンド・グリーンバーグ刊、1985年) 58頁を参照してください)。右手を完全に返したら、指先を使って押し出したコインを簡単にクラシック・パーム出来ることがお分かりになると思います。同時に左手も手のひらが下を向くように返して握ります。

両手の親指を伸ばし、魔法のおまじないとしてその先同士をくっつける動作を行ってから両手を30センチほど離します。左手にクラシック・パームしていたコインを落として指先の上にのせる、いわゆるフィンガーチップ・レストの位置に移します。そして、手のひらを上に向けるように返し、握っていた手を開いてこのコインを示します。右手の親指をしっかり右手の指先にあるコインの上にのせられるだけ右手を少し開きます(手はまだ手のひらを下に向けています)。右手の指先を伸ばしそこにある2枚のコインが見えるようにして、テーブルの上におきます。右手でコインをテーブルにおきながら、上側にあるコインが下側にあるコインに被さっていて、これが少しだけ右にずれているか確認をしてください。左手のコインはテーブルの左に置きます。

右手が下になるようにして両手を交差させ、テーブルの上に置いた反対側にあるコインをそれぞれ取れるようにします。右手は左側にある1枚のコインを掴んで、これを指先の上に持って示し続けます。実際、右手はテーブルの左にあるので、カップス／マリーニ・サトルティを行ってクラシック・パームしているコインが見えないようにするのを助けています。左手の親指を2枚のコインの上にのせて右にずらし、コインの右端を押し下げることで左手の指を使って2枚のコインを簡単に持ち上げることが出来ます。

2枚のコインを取り上げたら、すぐに左手の指先にのせて、上側のコインを右にずらします(図1:クラシック・パームしやすい位置にするのです)。

手のひらを下に向けながら両手を握ります。2枚あるコインのうち上側にあるコインを左手の指先で押し上げてクラシック・パームします。同時に右手は力を抜いて、2枚のコインがガチャン！と音を立てるようにします(図2)。両手の親指を握りこぶしの中に入れてコインの上にのせることが出来るまで、両手の指先を開きます。指先を伸ばし、両手に持っているそれぞれのコインをテーブルに置きます。左手からはコインが1枚、右手からはコインが2枚出てきます(この時、両手はまだ手のひらが下を向いています)。

ウィリアムソンズ・ワンダー

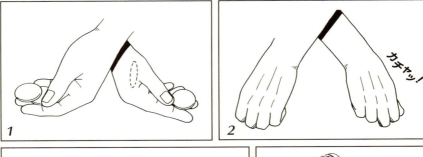
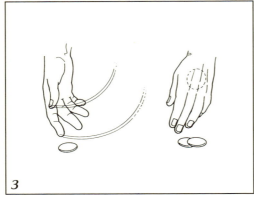

　両手を元の状態に戻し（交差するのをやめる）、手のひらを上に向けた右手で何気なくジェスチャーを行いながら「あと1枚残っています」と話します（図3）。
　左手で左側にある2枚のコインを取り上げ、手のひらを下に向けて握ると2枚のコインが重なって軽く曲げた指先の上にのっていますのでクラシック・パームしているコインとは近い位置にくることになります。こうすることで、このコインを落とした時にガチャン！という音が一番大きく出るようにするのです。

　右手で右側にある1枚のコインを取り上げ、あなたが着ている上着の左外胸ポケットの縁にのせます（図4）。左腕を伸ばし、観客に胸ポケットと左手が一直線上につながっているような印象を観客に与えるようになります。さあ、右手の1本の指を使って、もしくは身体を少し動かして、**観客に分かるように堂々と**胸ポケットにコインを落とします。間をおいて、クラシック・パームしているコインを落としガチャン！と音を立てます。左手を開き、3枚のコインすべてを示します。

　　注：この本は現在入手不可能だが、この作品のみ原作者ダロー氏のサイトにて入手可能。
　　　www.daryl.net/product_detail.php?cat_id=10&id=657

リベート

　演者は普通のボールペンを観客に示して、「このペンを買うと25セント割引になるってご存知？　耳を澄まして、ほら、聞こえないですか？」と説明します。ペンを振るとペンのキャップからチャラチャラと小銭が鳴る音が聞こえますが、両手はどう見ても明らかに空っぽです。演者はキャップを取ってそれを逆さにして、中から2枚の10セント硬貨と5セント硬貨を取り出します！これを元どおりキャップの中に戻し、ペンに挿します。再びペンを振るとチャラチャラその中から音が聞こえてきますが両手は空っぽなのです。

　これは愉快なちょっとした奇跡です。ここでも錯覚を生む部分に音の要素を使うデビッドの好みがよく分かります。キャップを取り外しできる種類のビックやペーパーメイトといったメーカーが発売している安いボールペンが必要です。また、10セント硬貨2枚、5セント硬貨1枚、そして**プラスチック製**のサムチップが必要です（プラスチック製のものを使うと、その中に入っている硬貨がチャラチャラ鳴る音がよりハッキリ聞こえます）。

　サムチップの口が上を向くように持ちます。まず2枚の10セント硬貨を入れ、続いて5セント硬貨を入れたら、右手の親指にこのサムチップを装着します。この時、親指の先を5セント硬貨にしっかり押し付け、そこから動かないようにするとその中に小さな隙間ができるので、2枚の10セント硬貨がチャラチャラとサムチップの中で音を立てるようにすることが出来ます（図1：サムチップは透視図になってます）。

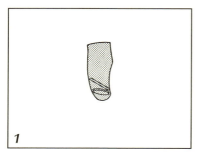
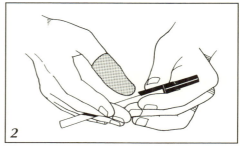

ウィリアムソンズ・ワンダー

　このマジックを演じたいと思うまでコインが入ったサムチップは口を上に向け、あなたの右側にある適当なポケットの中にしまっておきます。ペンはシャツや上着の左胸ポケットに挿しておきます。

　どこに置いたかよく分からない様子で（ありがちな行動です）、両手でペンを探し始めます。右手をサムチップが入っているポケットに突っ込み、親指にそれを装着します。左手で胸ポケットを上からポンポン叩き、ペンを引き出します。両手をあなたの前で近づけてペンを右手で持ち替えます。ペンを右手の中指と薬指ではさむようにしてください。ペンのキャップは左の方を向いています（図2は観客から見た図です）。「このペンを買うと割引になるってご存知？」と話しながら、両手が完全に空っぽに見えるようにペンを持ったこの状態を維持して一瞬間を取ります。

　右手の親指をペンの下に差し込み、ペンを上に持ち上げます（図3）。ペンの中央を右手の中指と薬指ではさんだままになっており、ペンの上部を右手の親指、人差し指、中指で持っています。サムチップの本当に先っぽだけが観客に見えています。「耳を澄まして、ほら、聞こえないですか？」と話しながらペンを振ると、サムチップの中で2枚の10セント硬貨が音を立てている音が観客には聞こえるでしょう。

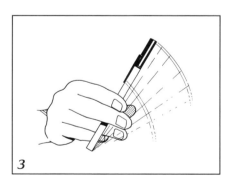
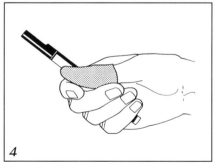

　すばやく右手の薬指と小指を動かし、人差し指と中指と揃うようにペンを持ち直してペンの軸を右手の指先で握り込むような状態にします（図4）。ペンとサムチップの方向はだいたい揃っています。

両手を近づけ、あなたの身体の前でペンを持つようにしてからペンのキャップをあなたから離すように取り外そうとします。まずペンのキャップとサムチップを伸ばした左手の指先の上にのせますが、左手の少し左側、ちょっと手前に置くようにしてください。キャップのほとんどの部分が左手の人差し指からはみ出しています。左手を少し手前に傾けると観客には手の甲側とはみ出したキャップだけが見えます。左手の親指を下げ、キャップとサムチップの先に当てます（図5）。

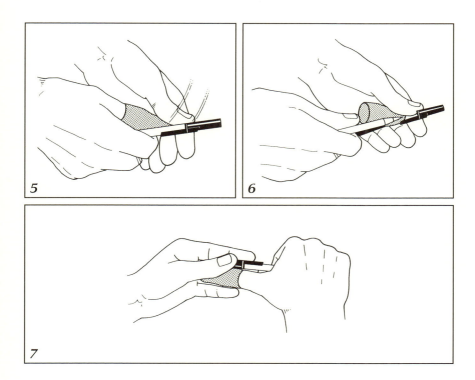

　左手を前に動かし、キャップとサムチップの両方を引き抜きます（図6）。「全部のペンにはあらかじめ25セント入っているんですよ」と言いながら左手を手前に傾けると、サムチップの中からコインが落ちてきます。図6で行った動作をまったく逆順で行い、同時にキャップをペンに元通り挿し、サムチップを右手の親指に装着し直します。両手を離し、ペンは**左手の**親指と人差し指で持ちます。一瞬、両手の手のひらを観客の方に向いています。

左手を返して、ペンのお尻が右に向くようにします。右手をその上からかけ、ペンの下の方を持ちます。キャップの大部分は今左手の指先の中に入っていて、小さなクリップは指の中からはみ出して右の方を向いています。右手の親指を左に伸ばし、サムチップがペンのキャップに並ぶようにして、左手の親指でサムチップを押さえるようにします（図7）。右手の親指をサムチップから外しながら、同時にペンをキャップから外します。右手でペンを取ります。キャップとサムチップは左手で持っていますが、左手の指先の陰に隠れています。

　左手を回転させ指先とサムチップの口が上を向くようにします。同時に右手は２枚の10セント硬貨を取り上げます（右手の薬指で一瞬ペンを捉え、自由になった右手の親指と人差し指で２枚のコインを取り上げます）。このコインを左手の中に落とし、サムチップの中に入れます。観客にはキャップの中にコインを入れたように見えます。続けて５セント硬貨を取り上げサムチップの中に入れます。

　左手を回転させて、指先が右を向くようにします。コインがサムチップから落ちそうになる前に図7で行った動作を逆順で行い、ペンをペンのキャップに挿し、右手の親指はサムチップを装着します。キャップとサムチップをきちんとそれぞれの場所に密かに挿したら、図3のようにペンを持ち直します（コインをチャラチャラ音を立てる状態です）。そして、左手を脇へ退けます。ペンを振ってコインがチャラチャラ音を立てているのを聞かせ、コインをキャップの中に戻したように見せます。左手でペンを取って観客に手渡すか、単にテーブル上に置きます。誰かがそれを取り上げることでしょう。その間に右手はポケットの中に突っ込み、サムチップをその中にしまいます。

ザ・ストライキング・バニッシュ

　『アンコールⅡ』（マイケル・アマー著、自費出版、1981年）の中で初めて発表されたこのデビッドが考案したオリジナルな技法は、長年にわたって物体を消失させるために考案されてきた技法の中でも、最も独創的かつ革新的な方法です。残念なことに、今まで発表されてきた解説では間違った方法を強調して解説されていました。もし、これらの解説に従っていたとしたら、物体を手から手へ投げているのはかなり明白になります。しかし、本当は**物体を投げないの**です。ええ、少しも。ここで初めて正しいテクニックを解説します。結構単純に行え、午後いっぱい時間を使えばマスター出来るでしょう。

● 開いた手の上で

　基本形に近いストライキング・バニッシュをマスターしましょう。小さなボールとマジックウォンドが必要です。この最初の応用例はカップと玉の手順用のものです。他の物体を使った別の応用例は、このテクニックにあなた自身が慣れた後でお教えする予定です。

最初の位置：両手をあなたの体の前でゆったりと構えます。両腕は（自然な位置で）ゆったりと体の側面を押しています。左手は手のひらを上に向けて構え、その指の上にボールを置いています。右手はウォンドを持ちますが、親指と人差し指だけで持っています。親指をウォンドに沿ってその上に平らにのせ、ウォンドの端を曲げた人差し指の上にのせるようにして保持します（図1）。右手の中指、薬指、小指は力を抜いて、自然に曲げています。右手は左手から15センチくらい離れていなければなりません（図2）。両手は結構近づいていること、ウォンドの**中央**（ウォンドの向こう側の端ではありません）でボールが今のっている左手の指の上を叩ける位置にあることに注目してください。

左腕の動き：大変単純です。腕と手を上向き、かつ内側に向けて**ほんの少しだけ**揺らします。これは腕全体の動きで、肘だけを曲げて行います（手首ではありません）。これは身震いやけいれんといった動作と同じ類の動作で、ボールをほんの5センチほど空中に上げるくらいの力があれば十分です（図3）。ボールを真上に上げる動作をした後、腕と手はすぐに元の位置に戻します。もしこ

ウィリアムソンズ・ワンダー

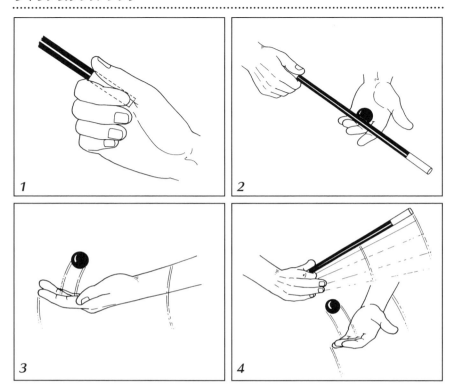

れを正しく行えば、バラバラな動きにはなりません。腕と手を同時に大変素早く約2.5センチ上下させるのです。

右腕の動き：左腕と同じ動きです。肘から本当に小さく、素早く揺らします。左腕とまったく同時に行ってください。言い換えれば、両腕を同時に上下に動かすのです。

右手の動き：両腕を振った瞬間、右手は手首から素早く後ろに反らし、中指、薬指、小指を少しだけ開きます（図4）。図をご覧になるとお分かりのように、この位置でボールは一瞬宙に浮かんでおり、右手の指先の真下にあります。

　両腕と両手を下ろしながら（腕を揺らす動きの後半部分です）、右手（握っていた指を開いている）をボールの真上に下ろします（図5）。その瞬間右手の指

先でボールをつかみ、手首を素早く元通りの状態に戻し、ウォンドの中央部分で左手の指を叩きます（図6：動作を三段階にして示しています）。

右手は自然にはね返りますので、ウォンドが左手の指の上にのった状態のまま止めないでください。むしろウォンドで左手を叩いた瞬間、右手は5センチほど上に跳ね上がります。

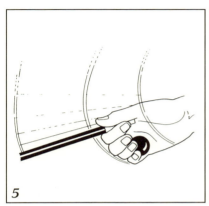

ここでいくつかの注釈を。左手はボールを右手に向けて投げないことを覚えていてください。左腕を揺らしてボールを宙へ浮かし、右手をその上に下ろすのです。

腕と手の上下の動きは**大変**早いです――右手でウォンドを振り上げる大きな動作が、より小さな腕の動作をほぼ完璧に見えなくします。腕の動きは本当に些細なもので、観客はほぼ気づきません。観客の注意は完全にウォンドに奪われています。ボールが手の上から上がるのすら見えません。ただ、ウォンドが手の上で跳ねた瞬間にボールが消えたように見えるのです。

● 握った手で

目の前でボールを消す代わりに、左手の中から密かに抜き取るようにボールを消すことも可能です。動作は同じですが、最初の位置が違います。

左手の上にボールをのせて示したら手を握って返し、手の甲が上を向くようにします。指先を使ってボールが手首に近い部分からはみ出すようにして、指

ウィリアムソンズ・ワンダー

先でボールを支えます（図7）。ボールを消す時の両手の位置に構え、左手の握りこぶしは手首から**少しだけ**前に傾けます。左手をあなたの右手のほぼ正面にくるように構えます（図8）。

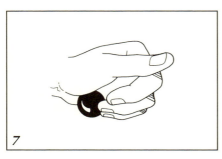

先ほど解説したように技法を行います。両腕を揺らし、右手を上から下へサッ！っと動かし宙に浮いたボールを奪います。それから「ザ・ゴールド・カップ」で解説する"ザ・ドラマーズ・ウォンド・スピン"（138頁の図11〜13）を行い、もう一度手の甲をウォンドで叩きます。握った左手を返し、指をニギニギして開きボールが消えたことを示します。

●ビジュアルな変化

消す代わりに変化の現象としてこの技法を使うことも可能です。開いた手の上で行う方法と同じです。左手の親指残りの指先で変化させたい物体の縁を掴んでフレンチ・ドロップを行うようにしてそれを持ち、すぐに変化したように見える物体は左手の曲げた指の中に隠し持ちます。観客には曲げた左手の指先だけが見えて、その中に隠れている物体は見えません（図9）。

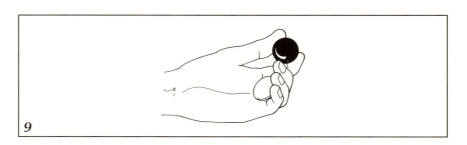

上記で解説したように技法を行って物体を変化させます。指先に持って見えている物体が宙に浮いたら右手でサッ！と奪い、すぐに左手の指先を伸ばして新しく左手の中に見えた物体をウォンドで叩きます。例えば、小さな石炭の塊をダイヤモンドに変化させても良いでしょう（それなら、このマジックを「思いがけずに大もうけ」と呼んでも良いかもです）。

● キャップの中からコイン

　異なった道具を使うことで、時に同じ技法でも新しい使い方を思いつくことがあります。取り外し式のキャップが付いたペンを右手に持ちます（ペンのお尻を持ってください）。左手にはコインを持ちますが、指の上にのせるようにします。

　手を開いた状態でストライキング・バニッシュを行い、ペンのキャップが被さった端でコインを叩いて目の前で消えたように見せます。その後、ペンを左手に持ち替えて、親指と残りの指先で取り、右手でキャップを取り外します（図10）。キャップの下の端を右手の親指と残りの指先ではさんで持ちます。右手を単に下に振り下ろしてコインをテーブルの上に落とすと、キャップの中からコインをたたき出したように見えます（図11）。ペンにキャップを戻します。

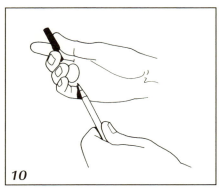
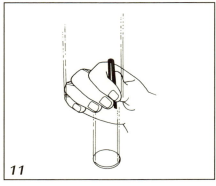

　ペンはウォンドよりも短いので、コインの消失はより簡単に、誰もが騙されてしまうように上手く行うことが出来ます。

●瓶の中に入るコイン

　開いた手で行うストライキング・バニッシュは簡単に「瓶の中に入るコイン」のマジックに応用出来ます（デビッドの応用法は最初に述べた『アンコールⅡ』の一番最後の頁に触れられています）。

　フォールディング・コインを瓶の口に差し込んでおき、この部分を右手で持ち、仕掛けのないコインは左手の指の上にのせます。開いた手で行うストライキング・バニッシュを行い、密かに仕掛けのないコインを右手の中に移動させながら瓶の側面を左手の上に叩きつけると、フォールディング・コインが瓶の中へ飛び出して行き、広がって普通のコインのようになります。目の前でコインがガラスを貫通したように見えます。後は一般的な"瓶の口からコインを振り出しながら行うコインのすり替え"※注 を行い、現象を終えます。

注：『コインマジック事典』（高木重朗・二川滋夫編著、東京堂出版、1986年、138頁参照）。

銅貨、銀貨、そして小銭入れ

　右手に持った他の道具を賢く使うことによってストライキング・バニッシュをより簡単に行えるようにしたこの手順は、奇術専門誌『リチャーズ・アルマナック19号』(1984年、184頁) に初めて発表されました。※注 発表されて以来手順構成は変化していき、今では大幅にクリーンな手順になっています。

　小さな小銭入れ（がま口）、銀貨2枚、銅貨が必要です。銀貨1枚を右手にフィンガー・パームして、残りの銀貨と銅貨をがま口の中に入れます。その口を閉じたら準備完了です。

　左手でがま口の底を持ちます（口金は上を向いています）が、がま口の布越しに指先で2枚のコインがあることを感じることが出来なければなりません。右手を近づけ、がま口をかなり大きく開きます。その中をのぞき込み「中には2枚のコインが入っています」と話しながら右手の親指と人差し指を差し込み、銀貨をがま口の左側にぐいっと押してずらして、銀貨を布越しに左手の親指と残りの指先でつかめるようにします（図1）。銅貨はがま口の中で自由に動かせます。

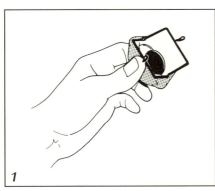
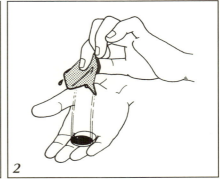

　開いたがま口を観客の方へ向けて観客にその中に銀貨と銅貨が入っていることを見せます。ここで2つのことを同時に行います。がま口の右側にある右手

ウィリアムソンズ・ワンダー

を手のひらが上を向くように返すと、フィンガー・パームしている銀貨が見えます。左手は手のひらを下に向けるように返して中にある2枚のコインを右手の上に落とすように見せます。実際は、自由になっている銅貨だけが下に落ちて右手に持っていた銀貨と一緒になります。がま口の中にある銀貨は左手の親指と残りの指先でつまんでいるため、まだその中にあります（図2）。

　右手を手のひらが下を向くように返し、両方のコインをテーブルの上、もしくは観客の手の上にのせます。手が空になったら、2枚のコインに向けてしばらくジェスチャーをしながら左手を回転させ、がま口の開いた口を上に向け、手前に倒してその中が観客に見えないようにします。

　「銅貨をがま口の中に入れましょう」と言いながら、右手で銅貨を持ち上げ図3に示したようにコインを持ちます。これはル・ポールが演じていたフレンチ・ドロップからヒントを得ています（『ターベルコース・イン・マジック1巻』74頁参照）。右手の親指と人差し指の上側でコインの縁を掴むようにして表面を観客の方に向けます。手のひらは手前に傾けているので、観客からは手の内が見えません。口が開いたがま口の上に右手を移します。

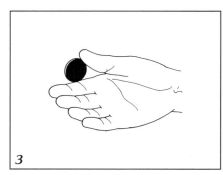 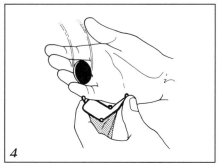

　この銅貨をがま口の中に落とすように見せます。右手はちょっと降ろすような動作をし手首を曲げながら右手の親指を放し、銅貨が手前に倒れるようにしてフィンガー・パームの位置に落とします（図4）。すぐに右手の指先を軽く曲げながら右手を手前に傾けて、親指と人差し指を使ってがま口の口金を閉じます。

　両手を下ろし手のひらが上を向くように返しながら右手の指先を伸ばし、フィンガー・パームしている銅貨の上に左手に持っているがま口を置きます。右手

銅貨、銀貨、そして小銭入れ

の親指をがま口の上に下ろし左手を放します。がま口を前後に振って中に入っているコインがカタカタ立てている音を聞かせます。

　左手をがま口に戻し、これを掴みます(親指を上、残りの指を下にして持ちます)。左手の指先でがま口の下にある銅貨を押し上げて、その位置で保持するようにしっかり持ちます。がま口を回転させ、図5のように右手に持ち替えます。親指で口金を押さえ、人差し指の上側に押し付けるようにがま口をしっかり持ちます。がま口は透視図になっていますので、どうやって人差し指の関節とがま口の間に銅貨の縁をはさむようにして持っているか見えるようになっています。もし銅貨をしっかり持ちすぎてしまうと、変化がうまく起こりません。

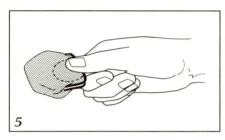
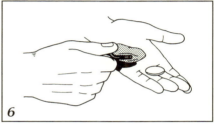

　左手で銀貨をテーブルから取り上げ、開いた左手の指の上にのせて示します。ちょうどストライキング・バニッシュを行う時の位置に置いています。右手を動かし、がま口を左手の真横に移動させ(図6)、ストライキング・バニッシュを行います(21頁参照)。腕を振り、銀貨が左手から宙に浮かぶようにします。右手の曲げている指をこのコインの真上から下ろし、浮いているコインをサッと奪い取ります。この右手を振り下ろす動作で同時に銅貨を左手の指先の上に飛ばします。ちょうどがま口で叩く位置に飛ばすのです。変化は衝撃的で、一瞬にして終わります。重要な点は、右手の人差し指の関節の上にのっているがま口の下にある銅貨を出来る限りゆるく持っていなくてはならない点です。

　一瞬間をおいて、この変化を観客にしっかり示します。そして右手を返し、小銭入れを観客に手渡します。それを開くようにお願いし、その中に銀貨が入っていることを示します。

注:『世界のコインマジック2』(リチャード・カウフマン著、TON・おのさか訳、東京堂出版、2009年、227頁参照)。

願い事、かなえて

　単純なコインのカラーチェンジをファンタジーの世界と新しいプロットで包んでみました。握りこぶしの中にコインを入れると、演者が願った通りにコインの大きさと色が変化するのです。

　『世界のコインマジック』の10頁に解説された"リテンション・クリップ・バニッシュ"とデビッド・ロスが考えたエッジ・グリップの原理（同著25頁）を組み合わせた技法を使っています。イギリスの1ペニー銅貨（以下、銅貨）、50セント銀貨（以下、銀貨）が必要ですが、対照的な色をした2枚のコインならばなんでも使うことが出来ます。今はハンドリングを覚えやすくするために、この銅貨と銀貨を使うことにします。

　最初に覚えなくてはならないことは、リテンション・クリップ・バニッシュを行う時の右手の動きです。これはすでに「素晴らしいコインの消失」（11頁の図1～4）で解説してあります。この手順の中でこの動作をそのまま、もしくは逆順に何度も行うからです。最初に銅貨を右手の親指、人差し指、中指の先でつまんで持ちます。中指を伸ばして、コインの下側に当たるようにします。

　親指を軽くコインに当てたままで同時に中指を曲げて、人差し指を伸ばします。コインが水平になり、曲げた中指の上にのったら、コインの上側の縁を右手の人差し指と中指で本当に軽くはさみます。

　右手の親指をコインの内側の縁に動かして、中指を伸ばせるようにします（図1）。今エッジ・グリップに大変近い状態になってますので、エッジ・グリップと言い換えていたのです。コインを一瞬にして回転させてこの状態に出来なければなりません――そして、この状態から指先にコインを持っている状態に戻せるようにもしないといけません。

　準備として銀貨を上記のような変形エッジ・グリップに保持して、銅貨を親指、人差し指、中指の先で掴みます（図2）。どんなエッジ・グリップを使っていても行うように、あなたの手の高さを観客の視線に合わせて保持して、観客の目

願い事、かなえて

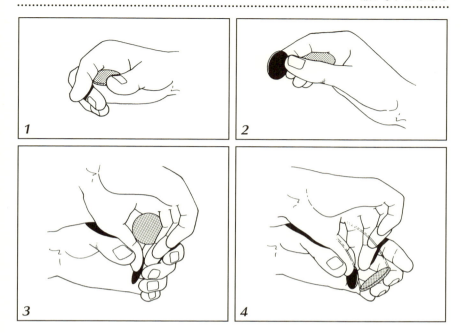

線より下げてはいけません。

● **最初の変化**：先に解説したように銅貨を持って、指の裏側を観客に向けて取り出します（デビッドは普通のエッジ・グリップを使いません。手首を使って手を傾けると、パームしているコインが見えてしまうからです）。左手が空であることを示したら、指を軽く握って握りこぶしにしますが、手の甲が観客に向くようにしてください。「もし私の手が願い事が叶う井戸だとしたら、この銅貨を井戸に入れたら私が欲しいどんなコインにも変化させることが出来るはず。例えば、50セント銀貨とかね」と話します。

　このセリフを話している間にコインを変化させます。右手を手のひらが下を向くように返し、持っている銅貨を左手の握りこぶしの中に親指側の穴から差し込みます（図3）。右手の親指と指先をその中にぴったり合わせるために左手の親指は手から十分離しておかなければならず、残りの指先も一部を少し伸ばし気味にしておかなければならないことがすぐに分かると思います。右手の親指の力を抜いて、銀貨を倒して曲げた左手の指の上に落とします（図4）。

31

ウィリアムソンズ・ワンダー

　すぐに銅貨を回転させてエッジ・グリップに持ち直します（図5）。左手の指先を内に向けて曲げ、銀貨を回転させて右手の親指、人差し指、中指で掴める位置に移します（図6）。素早く右手の指先を左手の握りこぶしの中から引き出して、銀貨を示します。コインをしっかり見せるために右手を手首を使って回転させます。今手のひらは左を向いています。

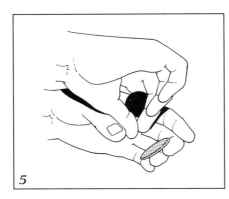
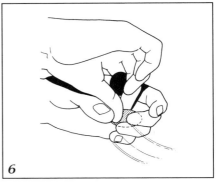

●2回目の変化：「私の願いは叶いました」と言いながら、左手を開いて空であることを観客にさらりと示します。先ほどのように左手を握り、「もう一度やってみましょう」と話します。図3のように銀貨を握りこぶしの中に突っ込み、銅貨をエッジ・グリップから落として図4のようにフィンガー・パームの位置に移したら、すぐに銀貨を握りこぶしの中から引き出し、観客に再び示しながら「良いですか、これは銀貨ですよね……」と話します。右手を一瞬返して、コインの両面とこの手の中を観客に見せます。

　「もちろん、このコインを銅貨に戻してほしいとお願いすることも出来るわけです……」と話します。銀貨を再び左手の握りこぶしの中に突っ込みながら、これをエッジ・グリップに移します。手を動かしながら技法を行って、指先を左手の握りこぶしの中に入れた時には完了しています。同時に、左手の指先を軽く曲げ、銅貨を回転させて図6のように右手の指先でこのコインを掴むことが出来るようにします。左手から銅貨を取り出し、観客に示します。「……ほら、思った通りのコインです」とセリフを〆ながら、空の左手を観客にチラリと示します。

●3回目の変化：左手を握り、銅貨をその中に入れます。今回は右手の親指を使っ

願い事、かなえて

て単にこのコインを左手のフィンガー・パームの位置に押さえつけます。実際の動作と逆の動作を行って、銀貨をエッジ・グリップから指先へと移し、親指と残りの指先でつまめるようにしてから左手の握りこぶしから銀貨を引き出し示します。

左手のひらを上を向けるように返し、話しながらジェスチャーをしていますが、手のひらを手前に傾けています（図7）。観客は最初の2回の変化で左手が空であることを見ていますから、こうすることで今も手が空っぽである印象を与えられるでしょう（そこまで説得力は必要ありません）。間をとったら左手の指先を曲げ、再び握りこぶしにします。

 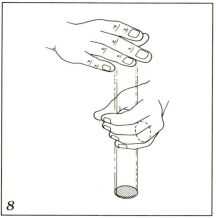

●**4回目の変化**：これは柔らかいマットを引いたテーブルの上、もしくは観客の手の上で行わなければなりません（今演じている位置から少し前へ身体を倒して演じる必要があるでしょう）。右手で持っている銀貨を左手の握りこぶしの上7.5センチで構えます。親指側の穴の真上で右手を構えたら、銀貨を左手の握りこぶしの中へ落とします（図8）。コインはテーブルの上、もしくは観客の手の上に落ちます。これはフェイントです。

右手で銀貨を取り上げ、先ほどのように左手の握りこぶしの上で構えるために動かしながら、このコインをクラシック・パームしてしまいます。さあ、コインを左手の握りこぶしの中へ再び落としたフリをしながら同時に左手にフィ

ンガー・パームしていた銅貨を落とし、これをテーブルの上、もしくは観客の手の上に落として演技を終わります。

●

　これは何度か試してみても良い方法です。もしあなたが両面がそれぞれ違う絵柄のダブルフェイス・コインを使うなら（ソル・ストーンのアイデアです。『世界のコインマジック』の130頁を参照してください）、コインを4回変化させることが可能です。偶然、デビッドの手順はコインのそれぞれの面は1回しか示しませんし、それぞれの変化のときに自動的にコインを回転させます。なので、もし上記の解説のようにコインを3回変化させたなら、観客は4枚の異なったコインを見ることになるのです。

●

　ある時点で、デビッドはこの手順の改案を考えていました。それは借りた25セント硬貨が2段階を経てジャンボコインに変化するというものです。準備として、直径7.5センチのコイン（ジャンボコイン）を上着の左袖の中に、1ドル銀貨を上着の右袖の中に仕込んでおきます。

　願いが叶う井戸の話をしながら、両手が空であることを示すところから始めます。25セント硬貨を借り、左手の上にのせて示しながら同時に右手を身体の横に下ろすと、1ドル銀貨が袖の中から手の中に落ちてきます。

　1ドル銀貨をエッジ・グリップに持ち替えます。両手をあなたの身体の前に移し、25セント硬貨を右手の親指と残りの指先でつまむようにします（これは図2で示した持ち方です）。

　左手が空であることを示し、握って「井戸」を作ります。両手をあらためるために2段階の手順を踏む2回目の変化を行い、25セント硬貨を1ドル銀貨に変化させます（1ドル銀貨を曲げた左手の指の上に落とし、25セント硬貨を取り出して一旦示します。一瞬間を置いてからこの硬貨をエッジ・グリップに移しながら指先を左手の握りこぶしの中に突っ込みます。最後に右手で1ドル銀貨を引っ張り出します）。

　左手が空であることを示したら、右手で1ドル銀貨を示しながら左手を身体

の横に下ろすとジャンボコインが上着の袖から落ちてくるので、これを曲げた左手の指の中に保持します。

「じゃあ本当に大きなことを願ってみましょう」と言います。25セント硬貨をエッジ・グリップから倒すように落としてフィンガー・パームします。

両手を身体の前で近づけて右手の指先を左手の握りこぶしの中に突っ込みながら、1ドル銀貨をエッジ・グリップに移します。ジャンボコインをつかみ、ゆっくりと引き出します（図9）。図10に、3枚すべてのコインをどのように右手で持っているかを示してあります。分かりやすくするために、25セント硬貨は黒く塗ってあります。

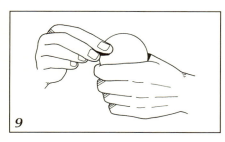
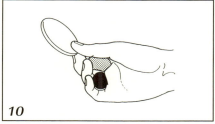

マネー・トーク

　400年以上前にこの素晴らしい原理が『妖術の開示（ザ・ディスカヴァリエ・オブ・ウイッチクラフト）』（1584年）の中で発表されました（18頁）。これはどうやってマジックを演じるか英語で解説した最初の本でした。それ以来、この原理の恩恵を十分に受けた人はほとんどいません。最初にコインを左手に入れたフリをして、密かに右手の中にパームします。そして「……ナイフを取り上げ、そのコインを叩いて、いい音を立てたように見せるのですが、ナイフの先で左手に置いたコインを叩く代わりに（実際には左手には何もありません）、もう一方の手に持っているコインを叩くのです。こうすると、左手に持っているお金を叩いたように思うでしょう」

　素晴らしいアイデアですが、ほぼ400年にわたってほとんど使われませんでしたが、それももう終りです！　この原理を使ったデビッドの手順は長年にわたる彼のお気に入りで、すぐにあなたのお気に入りの1つにもなることでしょう。

　コイン3枚（デビッドは3枚の1ドル銀貨を使っていますが、50セント銀貨でも同じように出来ます）、金属の端がついたマジックウォンドが必要です。3枚のコインをずらして重ね、右手にクラシック・パームします。一番上にあるコインは手首側にずれているようにします（図1）。こうすることでコインを1枚ずつ楽に落とすことが出来ます。ウォンドは上着の胸内ポケットに挿しておきます。

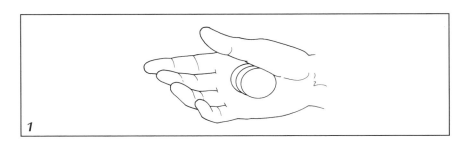

右手を上げ、上着の襟をつかみ上着を開きます。左手を上着の中に突っ込み、ウォンドを取り出します。こうしながら、手の中が空っぽであることを示します。両手をあなたの身体の前に下ろし、身体の前で近づけます（図2は観客から見た図）。右手の親指と人差し指でウォンドの向こう端をつまみます。左手の指先を一瞬右手の指の中に差し込んで、クラシック・パームしているコインを1枚その上に落とします（図3）。こうしている間、両手は少し手前に傾けて手のひらをあなたの方へ向けるようにすると、この裏の仕事は観客に見えません。両手を近づけるのはほんの一瞬で、すぐに両手を離し右手でウォンドを持ちます。

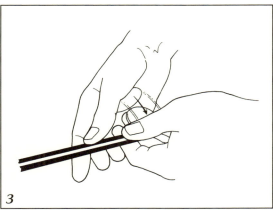

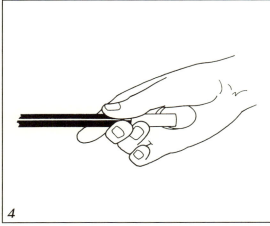

ウィリアムソンズ・ワンダー

　左手を動かしながら内側に返し、コインはフィンガーチップ・レストの位置で隠し持ちます。左手でウォンドの向こう端を掴みながら、指先を使ってコインをクラシック・パームします。左手の親指と残りの指先でウォンドの向こう端を掴み、私たちがこれから"タッピング・ポジション"と呼ぶ位置までウォンドを外側に向かって引き出します。これは、ウォンドの手前端が右手にクラシック・パームしているコインの真横に来るようにしなくてはいけません（図4）。実際には右手の親指と人差し指でウォンドを持っていて、中指と薬指は図に示しているように金属製の端の近くを軽く押し当てています。

　「よく聞いていると、どこにコインを隠しているか分かりますよ」と話します。左腕を伸ばし、ウォンドを使って手首から肘までの間をトントン叩き始めます。肘に到着するまで音を立てません。ここに到着したら、重力と右手の中指と薬指を使って、金属製の端が右手にクラシック・パームしているコインを叩くようにして大変目立つ音を立てるようにします（図6）。間をおいて肘をあと数回叩き、その度に大きな音を立てて「あぁ、ここに1枚」と言います。

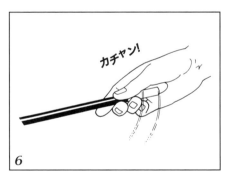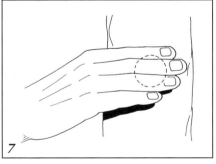

　ウォンドを左手に持ち替えて右手を左肘に近づけながらクラシック・パームしている2枚のコインの内1枚をフィンガー・パームの位置に落とします。指先を伸ばし、フィンガー・パームしているコインを左肘に当てるようにして、コインを左肘から取り出します（図7は手が透視図になっています）。親指はコインの縁を押さえながら残りの指先を引くようにしてコインが見えるようにします（図8）。しばらくコインを示したらテーブルの上に落とします。

　この時点でそれぞれ両手にコインをクラシック・パームしています。ウォンド

マネー・トーク

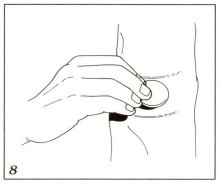
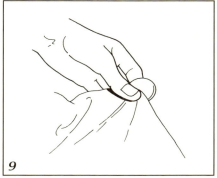

を右手に持ち替えながら、タッピング・ポジションに持ちます。身体を少し前に傾け、左足の膝あたりをウォンドで叩き始めると同時に左手はクラシック・パームしているコインをフィンガー・パームの位置に落とし、膝の真上にあるズボンの布をつかみます。左足の違う場所を何回かウォンドで音を立てないように叩いてから左手の指先の横あたりを叩き、右手にパームしているコインをウォンドの手前端でカチンカチンと音を立てます。左手の親指で布を引っ張り、残りの指先を使って前後にグニグニ布を引っ張って、布の中からコインを引っ張り出しているようなフリをします（図9）。このコインを示し、テーブルの上に落とします。

　右膝の方を向け、ウォンドでその辺りを数回音を立てずに叩きます。もう一度膝を叩いたとき、ウォンドの手前端でパームしているコインを叩きます。ウォンドを左手に渡したら右手を右膝の音がした辺りに伸ばしながらクラシック・パームしているコインをフィンガーチップ・レストに移します。ズボンの布のたるみの後ろにコインを滑り込ませ、そこから引っ張り出してコインを示します。これで第1段は終了です。

　左手を振ってウォンドを手前に回転させて、これを左脇にはさむことで両手を自由にでき、今から取り出したコインを消していけるようになります。デビッドは手のひらを下に向けるように右手を返しながら1枚のコインをクラシック・パームして、これを左手に握らせるフリをしています（もちろん、別法としてリテンション・パスを使っても良いでしょう）。右手をすぐに上にあげ、左脇に挟んでいるウォンドを取ります。「ザ・ゴールド・カップ」で解説している"ザ・ドラマーズ・ウォンド・スピン"（138頁の図11〜13）を行い、握った左手の

39

ウィリアムソンズ・ワンダー

上でウォンドを振ります。左手の指先をニギニギして、左手を開きコインが消えたことを示します。

　右手で持っているウォンドを左脇に挟むようにし、それからもう1枚のコインをテーブルから取り上げて、これを開いた左手の上にのせます。右手を再びテーブルに戻し、残ったコインを取り上げ、ちょっと変わったクリック・パスを行う準備をします。右手に持って見えているコインを軽く曲げた指先にのせます。右手を左手に向けて振り上げるようにします（図10）。両手が合わさったとき、両手の指先を同時に曲げます。右手の指先はその上にのっているコインをクラシック・パームしますが、そのときすでにクラシック・パームしているコインに当たりカチャン！と音がします。それから左手を握ると、2枚のコインを左手に握らせたように見えます。

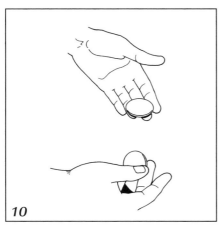

　間をおかずに右手は上にあげ続け、左脇に挟んだウォンドを下から取り、再び"ザ・ドラマーズ・ウォンド・スピン"を行います。左手の握りこぶしから1枚のコインを外に出します。親指と人差し指ではさむようにこのコインを持ちながら、左手はさももう1枚コインを握っているように握り続けていなくてはなりません。見えているコインをウォンドで叩き、「このコインは一番難しいので、最後までとっておきます」と話したら、このコインをテーブルに落とします。

　左手を開きますが、指を曲げたままで手のひらが手前に向くようにします。

ウォンドの端で左手の中をポンポンと、そこにコインがあるかのように叩きますが、実際はウォンドの手前端で右手にクラシック・パームしているコインを叩き音を立てます（図11）。ゆっくり左手の指先をニギニギしてから開き、手が空であることを示します。こうして2枚目のコインが消えたことを示したら、ウォンドを左脇に再びはさみます。

　右手で残ったコインをテーブルから取り上げ、ル・ポールが行っていたフレンチ・ドロップを行う位置に持ちます（図12）。ここで2つの動作を同時に行います。右手の親指をコインから離してコインを手前に落とすようにして、これをフィンガー・パームすると同時に左手を手首から下に落としながら指を握ります（図13）。

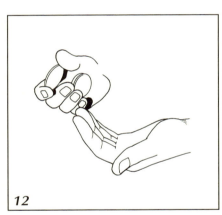
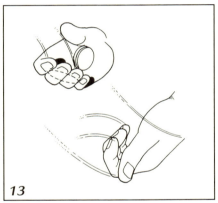

　右手を上にあげて、下から左脇にはさんでいるウォンドをつかみます。握った左手の上で"ザ・ドラマーズ・ウォンド・スピン"を行います（今現在、右手は2枚のコインをクラシック・パームしていて、1枚のコインをフィンガー・パームしているために右手が空であるように見えるのです）。左手の指をニギニギしてから開き、3枚目のコインが消えたことを示します。これで第2段が終わります。

　ウォンドをタッピング・ポジションに移すために、その手前端を身体に当てて右手を手前にずらし、3枚すべてのコインを最初に行ったように取り出す準備をします。最初に左肘をウォンドで叩きながら、ウォンドの手前端で右手に

ウィリアムソンズ・ワンダー

　クラシック・パームしているコインをカチカチ音を立てたらウォンドを左手に持ち替えます。右手を左肘に伸ばし、図7、8で示したようにフィンガー・パームしているコインをそこから取り出し、このコインをテーブルの上に落とします。

　ウォンドを右手に取り返しますが、この時両手が近づいたら、すでに図2、3で示したようにクラシック・パームしているコインの内1枚を左手の指先の上に落とします。両手を離しますと、1枚のコインは左手フィンガーチップ・レストで持っていて、ウォンドは右手で持っている状態になります。

　左膝をトントン叩き、右手に持っているコインにウォンドの端を当てて音を立て、左手に持っているコインを図9に示したようにズボンの布の下にすべりこませて引っ張り出します。

　最後のコインを取り出すには、ウォンドの向こう端を観客の誰かに向けて伸ばし、軽くこの観客の肘を叩いて音を立てます。ウォンドを左手に持ち替え、自由になった右手で最後のコインを観客の肘の裏側から取り出します。

遅れをとっている時こそ、先んじている

　単純なプロットです。3枚のコインを魔法のように取り出して、これを消し、再び取り出します。マイク・ギャロー考案の"ワン・ビハインド"の原理をデビッドが応用したこのハンドリングは抜群にクリーンでなのです。禅のように澄みきったこのマジックへのアプローチは、ほとんど見過ごされてきました。この手順は角度に強く、本物の「仕事人」のためのハンドリングです。

　3枚のコイン（デビッドは1ドル銀貨を使っています）と小銭入れ（がま口）が必要です。3枚のコインを右手にクラシック・パームして準備完了です。

　第1段：口が閉じたがま口を右手で取り出して示しますが、親指と残りの指先でつまむように持ちます。がま口を左手に渡し、右手で口金を開いて観客にその中には何も入っていないことを示します。右手を一瞬離し、クラシック・パームしているコインを1枚フィンガーチップ・レストに移します。

　右手をがま口に再び近づけて指先を伸ばし、フィンガーチップ・レストに持っていたコインをがま口の下にすべりこませながらがま口の口を閉じます。左手の指先をコインの上にのせることで、コインががま口の下から動きません。右手を離し、コインが下に隠れているがま口を左手でテーブルの上に置きます。

　両手を身体の横に一瞬下ろしながら、2枚目のコインを右手フィンガーチップ・レストへと移し変えします。身体の前を横切るように右手を動かし、「マネー・トーク」の中で解説した方法を使って、左肘からコインを取り出します（38頁の図7、8）。右手はコインを腕の内側へと押し付けて、指先を引いてコインが見えるようにするのです。

　このコインを開いた左手の上に落とします。デビッド・ロスの"シャトル・パス"（この技法の詳細に関しては『世界のコインマジック』22頁もしくは『デビッド・ロス・エキスパート・コイン・マジック』10頁を参照してください）を行って、

ウィリアムソンズ・ワンダー

コインを右手に移し替えたように見せます。左手を手のひらが下を向くように返しながらコインをフィンガー・パームへと移すと同時に、右手を手のひらが上を向くように返しながらフィンガーチップ・レストにしていたコインが見えるようにします。

　身体の前を横切るように左手を動かし、「マネー・トーク」で解説した同じ方法で2枚目のコインを取り出します（39頁の図9）。今、両手に1枚ずつコインを持っています。ここでマイク・ギャローの"ワン・ビハインド"の原理を使って、3枚目のコインを取り出したように観客を錯覚させます――本当に2枚のコインしか持っていないので、後ほど存在しない3枚目のコインを完璧に消すことが出来るのです。

　左手に持っているコインを手のひらを上に向けてフィンガー・パームの位置になるように持ったら両手を近づけて、右手の小指の下側が左手の小指に触れるようにしながら、右手の親指で持っているコインを人差し指の上側から前の方にずらします（図1）。これはリチャード・ヒンバーのコインを消す技法を、"ワン・ビハインド"に使うためクリック・パスと組み合わせたもので、ジェイ・サンキーも独自に作り上げていました。

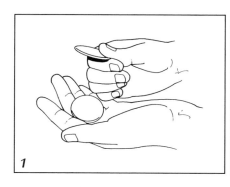 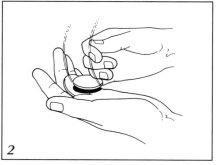

　左手の指先はこの時点では伸ばさず、図1に示したように少しだけ曲げています。右手の親指でコインを押し出し、人差し指から外して、左手にのっているコインの上に落とします（図2）。カチャン！と音がしたら、すぐに右手の小指を内側に曲げ、その上にのっているコインを右手の中に引き込んでしまいます（図3）。両手を離しながら左手を軽く握ります。

遅れをとっている時こそ、先んじている

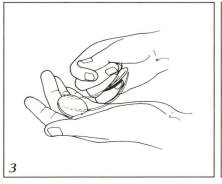
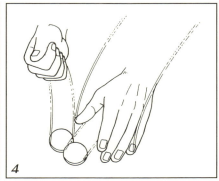

　右手を上げて左肘に近づけ始めますが、その時に右手の親指を小指ではさんでいるコインの下に差し込み、残りの指先を伸ばしながらこのコインを押し上げて平らになるように指に押し付けます。「マネー・トーク」の中で解説したテクニック（38頁の図7、8）を使って、コインを左肘から取り出します。この見えているコインを左手の中に落としますが、手を素早く開いて、受け取ったらすぐに握ってください。観客には左手の中がどうなっているか見えないようにしつつも落ちたコインをカチャン！と音を立てることが出来ます。これで第1段が終わり、3枚のコインを取り出したように見えます。

　第2段：握った左手を返し、親指側にある穴から右手の親指と人差し指を突っ込んで1枚のコインを引き出し、右手の上にのせて示します。右手を握ってこぶしにしますが、中のコインは余裕があるように軽く握って、『世界のコインマジック』（152頁参照）に解説されたジョフリー・ラタの"ハン・ピン・チェン・ムーブ"を行う状態にします。デビッドは、この技法を手を左右逆にして以下のように行います。左手の握りこぶしを右手の握りこぶしの横に動かしますが、左手の指先を少し開き、手のひらが自分の方を向くようにします。手をすぐに返し、テーブルに叩きつけますが、左手が右手の真横を通過するようにします。タイミング良く右手の中のコインを小指側から落とすと、上から落ちてくる指を完全に開いた左手でこのコインを手の下に捉えることができます（図4）。

　左手をテーブルに叩きつけたらすぐに持ち上げますと、そこに2枚のコインが見えるので、3枚目のコインは右手の中にあると観客は信じます（この一連の流れは、ポール・ハリスも彼の手順「フリー・フライト」の中で使っている手法です）。

コインが右手の中に残っていると思わせたら、すぐに指をニギニギしはじめます。テーブルの上に２枚のコインが見えたら、一拍間を置き、ゆっくりと右手を開けて空であることを示します。その間ずっと、テーブルからずっと上げていますので、手のひらを下に向けた左手は不自然で怪しげな状態になっています。これは観客がその手の中に３枚目のコインが隠されているとわざと思わせるのです（巧妙な心理的作戦です。これにより、本当に３枚のコインを使っているということをさらに強調するのです）。

テーブルの上にのっている２枚のコインの内１枚を右手で取り、コインをクラシック・パーム出来るように指先で持ちます。観客は左手に注目をしていますから、右手への注目は最小限になるでしょう。ゆっくりと左手を返して、手の中が空であることを示しますと、この動作が観客の注目をそらす役目を果たしますので、この時、右手は手のひらを下に向けるように返します。指先でコインをクラシック・パームするように手のひらに押し付けたら、すぐに指を下に伸ばし、コインを指の陰にまだ隠しているように見せます。

右手を左手へ動かし、持っているコインを左手に握らせるフリをしながら、右手を離します。左手の指をニギニギしながら右手はテーブルの上にあるコインを取り上げます。

左手を開いて、空であることを示します。一拍間を置き、両手を合わせて、「マネー・トーク」で解説した方法（41頁の図12、13）でコインを消します。右手は見えているコインをル・ポールが演じていたフレンチ・ドロップを行う時の位置に持ってきて、左手の上で構えます。左手はコインを受け取ろうと手首から下に落としながら、右手はコインを後ろに倒しフィンガー・パームして、左手の指をすぐに握ります。

左手の指をニギニギして、同時に左腕を伸ばしながら右手を左肘に向けて動かしますが、その動作の途中で左手を開き３枚目のコインが消えたことを示します。これで第２段が終わり、３枚すべてのコインが消えました。

第３段：左手の指を開いたら、一拍間をおいてこの手順でずっと使っている「マネー・トーク」で使ったテクニックを使って右手にフィンガー・パームしているコインを左肘から取り出します（38頁の図７、８）。このコインを左手の上、

遅れをとっている時こそ、先んじている

デビッド・ロスの"シャトル・パス"が出来る位置に置きます。

右手にクラシック・パームしているコインをフィンガーチップ・レストの位置に落とし、シャトル・パスを行います（44頁参照）。見えているコインを左手から右手へ移し変えたように見えます。左手を右肘へと伸ばし、フィンガー・パームしているコインを「マネー・トーク」で使ったテクニックを使って取り出します（39頁の図9）。

右手のコインを左手のコインの下に差し込み、右のほうにずれた状態にします——こうすることで、左手の親指と指先で2枚のコインを持つことが出来ます。3枚目のコインを取り出すかのように右手を左肘まで伸ばし、コインを探すフリをして何回か左肘周辺を引っ張りますが見つかりません。コインを見つけられないと知って、右手を下ろし、手のひらを上に向けながら、左手でその上にのっている2枚のコインを右手にのせます。右側にずれている下側のコインをオープンなフィンガー・パームの位置に置きます。左側にずれている上側のコインは指先の上にのっていて、このコインを押し上げればクラシック・パーム出来る位置に持っています。左手を右肘に伸ばします（図5）。

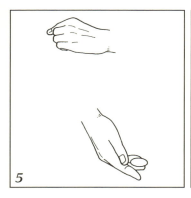

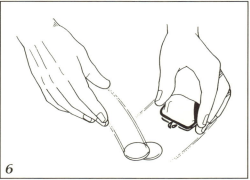

右手を下ろし、手のひらが自分のほうを向くように返します。まだ3枚目のコインを探そうと左手の指先で右肘を引っ張りながら、右手は上側のコインをクラシック・パームします。

「多分こっちです」と言いながら身体を前に倒し、左手でがま口を取り上げる

ウィリアムソンズ・ワンダー

と同時にがま口の近くで構えている手のひらを下に向けた右手から自由になっているコインをがま口に向けて投げると、がま口の下に密かに隠しておいたコインが、がま口を持ち上げたと同時に見えます（図6）。このテクニックはデビッド・ロスのもので、彼の「パース・アンド・グラス」の手順で使っています。

　がま口を右手で開きながら「3枚中2枚取り出せたら悪くないんじゃない？」と言います。テーブルの上から2枚のコインを取り上げ、1枚ずつがま口の中に入れていきます。2枚目のコインを右手からがま口の中へ落としたら、すぐに指先を内側に曲げて、クラシック・パームしているコインをフィンガーチップ・レストに落とします。「ちょっと待った」と言い、右手を左肘へ伸ばし、「マネー・トーク」で使ったテクニックを使ってコインを取り出します（38頁の図7、8：このコインは実際にはどこからでも取り出すことが出来ます――たとえば、観客の耳、あなたの膝など）。3枚目のコインをがま口に入れて口を閉じて終わります。

ザ・チェンジ・バッグ

　デビッドがクロースアップ・マジックで優勝した演技に入っていたこの手順は、デビッド・ロスが考案した「ポータブル・ホール」の改案になります（『世界のコインマジック』80頁、『デビッド・ロス・エキスパート・コイン・マジック』（1985年）284頁を参照してください）。

　この手順ではフェルト製の穴は使いませんし、"穴"やそれに関したセリフも言いません。誰かの手順を演じたいと思った時、本当のレッスンを学ぶことになるでしょう。「どうやってそれを取り上げて、自分のものにするか。そうすれば手順を気持ちよく感じるし、自分にとって意味のあるものになるし、単に本から覚えた動作や話を覚えなくてもすむんだ」これはプロがいかに**自分にとって**ぴったり合わない手順（考案者のデビッド・ロスにとってはぴったり合うのでしょうけれどもね）を取り上げて、それを**自分に合うように**変えていくかという好例です。道具を変える必要があるのです。

　マジシャンは小銭入れを取り出し、それを開けようとすると袋が口金から落ちてしまいます。その中から3枚のコインを取り出し、空になった袋をテーブルに置きます。コインを1枚ずつ口金の中に入れていくと消えていき、あるべき場所から出現します——袋の中から出てくるのです。3枚のコインを取り出した後、それらを口金の中へ一度に落とすとすべてが消えてしまいます。袋を逆さまにすると、中からジャンボコインが出てきて、さらに突然口金が10数センチ長くなってしまいます。もちろん、袋の大きさとは合わなくなってしまったので、マジシャンは袋を取り上げて魔法の様に大きくして、新しい口金にぴったりなサイズにしてしまいます。ジャンボコインを袋の中に入れ、口金にくっつけて今では手持ちバッグの大きさになったがま口をしまいます。

　50セント銀貨（以下、コイン）4枚、直径7.5センチのジャンボコイン、普通のサイズの口金（いわゆるパース・フレーム）、袋2つ、ジャンボサイズの口金が必要です。お持ちのパースフレームと似た口金が付いている安い女性用パース（小型バッグ）を切って口金を取り出すのが簡単でしょう。長さが15センチのものを用意してください。袋を2つは作らないとなりません。

ウィリアムソンズ・ワンダー

　図1に示した大きさの袋が2つ作れるだけの布をある程度の長さ用意します（赤、もしくは黒のコーデュロイが上手くいくでしょう）。小さな袋の大きさは縦15センチ、横7.5センチです。この袋を口金の下に置きますと、ちょうど眼鏡ケースにそっくりです。大きな袋の大きさは縦22.5センチ、横15センチです。コーデュロイの縞は小さい袋は縦に、大きい袋は**横**に流れるようにします。

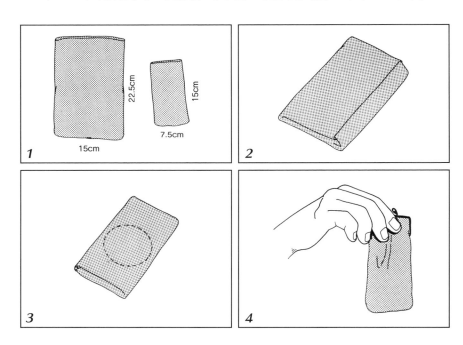

　2つの袋を縫ったら、大きな袋を小さな袋と同じ大きさになるように折り畳まなければなりません。大きな袋を口が左の方を向くようにしてテーブルに置き、袋の左右を3つ折りにして袋の底を袋の口に押し込みます（図2）。折りたたんだ袋を返して、綺麗な面が上を向くようにします——袋の縞は小さな袋と同じく縦に流れていなければなりません。ジャンボコインを折りたたんだ袋の端から差し込んで、それを中央に仕込みます（図3は大きいコインを点線で示しています）。手順は座って演じ、折りたたんだ袋は左腿の上に図2で示した側が上を向くようにして置きます。

　ジャンボ口金は左足の上に置きます。ちょうど膝と大きな袋の間にくるようにします。

ザ・チェンジ・バッグ

　4枚のコインを小さな袋の中に入れ、パースフレームを袋の口に正しく置きます（図4）。最初しばらくの間、右手で袋とパースフレームを一緒に持ちます。パースフレームと小さな袋を図4のように右手に持って取り出したら、これを数回振って、観客に中のコインがジャラジャラ音を立てるのを聞かせます。お椀の形にした左手を手のひらを自分に向けながら上げ、パースフレームと袋が合わさった部分をつかみます。言い換えれば、左手でパースフレームを親指の付け根と他の指を使って普通に持ちます。右手でパースフレームを開けますが、一瞬間をおいてから左手の力を抜き、袋をテーブルの上に落としながら「おっと」と言います。

　口を開いたパースフレームをテーブルの左側に置きますが、右手の指先を袋の下にすべりこませ、右手の親指は袋の上にのせます。中に入っているコインを感じたら、他と離れている所にあるコインを探し、これを袋越しに掴むようにします。袋を持ち上げ、残り3枚のコインをテーブルに落とします。

　右手を手のひら下に向けるように回転させ、右肩から一直線状に並ぶように袋を置きますが、袋の口は観客の方を向け、時計の文字盤でいう10時の方向に口が傾いているようにします。3枚のコインを横一列に並べますが、一番右端のコインは袋の真横2.5〜5センチの位置に置くようにします。これはラリー・ジェニングスが広めた、T.ネルソン・ダウンズ考案の"キック・ムーブ"を行う位置になります。デビッド・ロスも彼の原案「ポータブル・ホール」の中で使用しています（図5）。

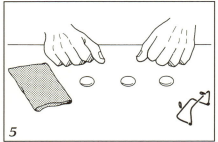
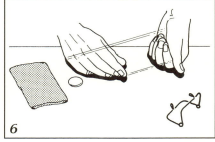

　手のひらを上に向けた左手を伸ばしながら右手で左端のコインを持ち上げ、左手のひらの中央に本当に置くのですが、この動作は「素晴らしいコインの消失」

ウィリアムソンズ・ワンダー

　の10～11頁の図1から4までに示した"ザ・リテンション・クリップ・バニッシュ"と同じ動作で行います。どんなタイプの方法でも構いませんのでリテンション・パスと同じ動作に見せてコインを置いたら、右手の指先を離しながら左手はすぐに握ります。

　右手で中央にあるコインを取り上げ、左手の中に入れるフリをします。今回は"ザ・リテンション・クリップ・バニッシュ"を行いますが、コインを右手にはさむ前に左手のひらにのっているコインに右手の親指と残りの指で持っているコインをぶつけることによって、クリック・パスを行います。左手の指先を握ったら、右手はまっすぐ袋の横にある残ったコインへと動かします（図6）。

　右手をコインの上に動かしたらすぐに右手の親指でこのコインを袋の下にぱっと弾きます（図7：キックムーブ）。親指を左へ動かして元の位置に戻しながら、右手にはさんでいるコインの下に差し込み、上へ押し上げて見えるようにします（図8）。テーブルの上からコインを取り上げたように見える錯覚は大変奇妙なものです。このコインを左手の中に落として、そこにすでにあるコインに当ててカチャン！と音を立てるようにします。

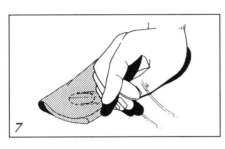
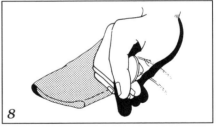

　「遅れをとっている時こそ、先んじている」の第2段で解説した、ポール・ハリスが「フリー・フライト」で使っている一連の動作に続けます（45頁の図4）。右手で左手の中から2枚のコインのうちの1枚を取り出し、しばらく手の上に置いて示し、このコインを握ります。左手を開いてテーブルの上に叩きつけながら、ジョフリー・ラタのハン・ピン・チェン・ムーブを行います。コインは密かに右手の握りこぶしから飛び出し、左手にあるコインに加わります。左手を持ち上げると観客にはテーブルの上に2枚のコインがあるのが見えますので、3枚目のコインはまだ右手にあると信じています。

ザ・チェンジ・バッグ

　左手でパースフレームを取り上げ、曲げた４本の指と親指の付け根で支えるように持ちます（これはパースフレームを使う時、普通行っている持ち方です）。「これは魔法のがま口で、ここに入れたものはすべて……」と言いながら、右手に持っているコインをしまうように指先をフレームの中に突っ込みます。右手の指先を出して指を開いて明らかに空っぽであることを示したら、この手でパースフレームを閉じます。右手で左手からパースフレームを取り上げ、エッジ・グリップを行っているようにしてフレームの右側を持ちます（実際に次の段で行います）。パースフレームを右手で取り上げたら、左手は握ってこぶしにします。

　握った左手の上でパースフレームを魔法のウォンドのように振ってから、左手の指を開いてコインが消えたことを示します。パースフレームを左手に持ち替え、これをテーブルの左側に置きます。

　右手で袋をポンポンと叩きながら「……こちらに飛行します」と言ってセリフを〆ます。こうすることで、先ほど親指で弾いたコインが袋のどの辺りにあるか確認することが出来ます。右手の親指を袋の下に隠れているコインの下に差し込み、右手の残りの指先を袋の上から隠れているコインの上に当て、布越しにこのコインを持ちます。袋を持ち上げ、手を回転させて袋の口を上に向けます。手を観客の方へ向けて伸ばし、「コインを触って感じてください」を言います。観客が布越しに感じるコインは、実際にはずっと袋の中に入っていた４枚目のコインです。

　右手を元の位置に戻したら。左手を動かして、左手で袋とその後ろに隠れているコインの両方を持ちます。右手で保持していた時と同じ位置にコインがあるようにしてください。右手を自由にしたら、右手で袋の底と中に入っているコインの両方をつかみます（図9）。両手の手のひらが向き合うまで、右手で袋の底を反時計回りに回転させて、左手のひらが上を、右手のひらが下を向くまで両手を返します（図10）。右手の親指と残りの指先で袋の中に入っているコインを布越しに持っています。左手は開いて平らにしながら今まで左手の親指で押さえていたコインを開いた左手の上に落とすと袋の中のコインが落ちてきたように見えます。

　まだ手のひらを下に向けている右手で袋をテーブルの元の位置に戻しますが、袋の口は観客の方を向くようにしてください。コインを左手から右手に持ち替

ウィリアムソンズ・ワンダー

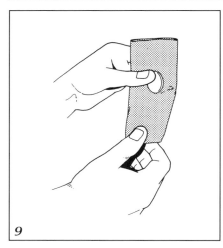
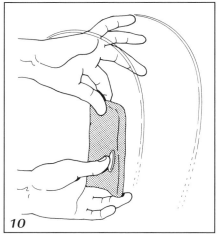

え、これを堂々と袋の口から中へ入れますが、袋の口から2.5センチくらいの位置に入れます。

　左手でパースフレームを先ほどのように持ち、右手でパースフレームを開けます。見えているコインのうち1枚を右手でテーブルから取り上げ"ザ・リテンション・クリップ・バニッシュ"を行うように持ちます。このコインをパースフレームの中に入れるように見せながら、この技法を行います（10頁参照）。右手の指先が観客から見えなくなるまで技法を行うのを待ってください。最終的にコインは右手の人差し指と中指の間ではさんで保持している状態になります。

　右手の親指と残りの指先でパースフレームを閉じ、その右側を持つことでコインをエッジ・グリップの位置で保持出来ます。左手からパースフレームを取り上げ、指を握ってこぶしにします。パースフレームを左手の上で振りますが、こうすることで右手の手の中が空である様子を見せることが出来ます（デビッド・ロスの言い方をすれば、エッジ・グリップ・ディスプレイを行うのです）。左手の指をニギニギしてから開き、2枚目のコインが消えたことを示します。

　パースフレームを左手に受け渡し、テーブルの左側に置きながら右手は手のひらを下に向けるように返して軽く握ってテーブルの上で休め、この時指にはさんでいたコインを回転させてフィンガーチップレストの位置に移し変えます。

ザ・チェンジ・バッグ

　左手で残っているコインをテーブルから取り上げ、開いた手のひらの上にフィンガー・パームの位置にくるように置き、デビッド・ロスのシャトル・パス（48頁の注参照）を行って左手のコインを右手で取ったように見せますが、実際はフィンガーチップレストで持っていたコインを見せます。

　右手はすぐに手のひらを下に向けるように返して袋の上に移動させ、コインと一緒に袋を叩きながら左手をテーブルの縁まで手前に動かし、フィンガー・パームしているコインをラッピングします（図11）。「2枚目のコインも同じように袋の中へ移動しました」と話します。

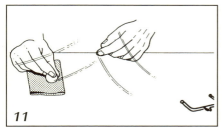
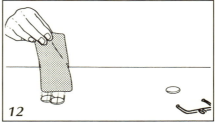

　見えているコインを左手に移し替え、テーブルに置きます。右手は手のひらを下に向けるように返し、袋の手前端をつかみます（親指が下、残りの指先が上）。両方のコインが袋の外に出てくるまで袋をゆっくり持ち上げながら（図12）、左手を膝の上に下ろし、左ももの上に置いてあった折りたたんだ大きい袋を掴みます。その外側の端を親指と残りの指先で持ちますが、ジャンボコインも布越しに持ち、そうしたらテーブルの縁の真下まで左手を上げます。

　これは袋の中からコインが落ちてきて、袋が真下に垂れ下がるまで右手を約20センチ持ち上げた時に、タイミングを合わせて左手の動作を行わなければなりません（図13は左手の位置をわざと見えるようにしてあります——袋をすり替える時、実際にはテーブルの縁の真下で行われます）。

　コインを落としたと同時に右手を手前に引くと、右手に持った袋は左手に持っている大きい袋の真上で構えた状態になります（図14）。ここで右手の力を抜いて、右手を石のように真下へストン！と落とします。右手の小指の下側がテーブルに当たったら動きを止め、この瞬間、親指と残りの指先を少しだけ開くと自動的に小さな袋が膝の上に落ちていきます。それと同時に、左手は持ってい

ウィリアムソンズ・ワンダー

る大きな袋の上部を右手に押し付け、受け渡します（図15）。

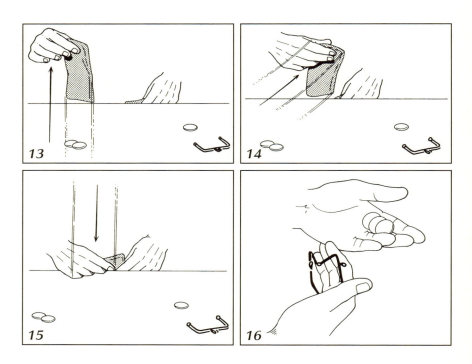

　右手はすぐに17.5センチほど持ち上げ、前へ動かし、すり替えた袋を元の袋を置いてあった位置に戻します。基本的にはスライディーニ・スイッチ（『ザ・ベスト・オブ・スライディーニ…アンド・モア』（カール・ファルヴス著、自費出版、1976年）105頁参照）なのですが、この袋のすり替えは大変素早く行われ、誰もそれに気付きません。

　「では、3枚すべてのコインを一度に飛行させてみましょう」と言います。左手でパースフレームを取り上げて右手に移し替え、先ほどと同じように持ったら左手でパースフレームを開けます。

　テーブルの上にのっている3枚のコインを左手で取り上げ、観客に示します。手のひらを上に向けて開いており、3枚のコインを少しずらした状態で中指の上にのせています（図16）。左手を開いたパースフレームの上で構え、コイン

ザ・チェンジ・バッグ

をその中に落とすフリをします。左手を返しながら、重なったコインを単に手前に回転させるとガチャン！と大きな音を立てながらコインは雑に左手の薬指の上にのるでしょう（図17）。

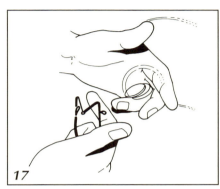
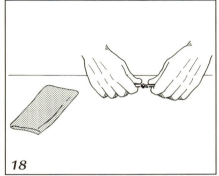

　落ちてきたコインを受け取るように右手の中指、薬指、小指を握ります。左手の親指と人差し指でパースフレームを閉じて、右手から取り上げテーブルの上に置きますが、中央よりやや左側に置きます。完全に握っている右手を袋の上へ動かしながら、左手を膝の上に下ろし、左手の中にあるコインを音を立てないように左ももの上に置き（ズボンの布がたるんでいる部分です）、その後すぐジャンボサイズのパースフレームを取り上げますが、この左側をつかんでください。そうしたらテーブルの縁の真下に左手を上げます。

　これらの操作を行っている間、右手の指をニギニギしてから開いて3枚すべてのコインが消えたことを示します。「3枚すべてのコインが一度に移動しました」と言いながら袋の手前端をつかみ持ち上げて、ジャンボコインを中から滑り落ちるようにします。ジャンボコインがテーブルに落ちたらすぐに、袋をその手前に落とします。ここでグズグズしないでください——指を伸ばして揃え、手のひらを下に向けた右手を今テーブルに置いてあるパースフレームの上におろします。これを手前に引き、テーブルの縁から膝の上へ落とし、その瞬間、左手を上げてジャンボサイズのパースフレームを見えるようにしますが、右手でそのほとんどを握って隠します（図18）。観客はジャンボコインを見てまだポカンとしていますので、もしあなたの両手をチラリと見ても普通サイズのパースフレームを両手で持っているとしか見えません。

ウィリアムソンズ・ワンダー

　両手を上げ、間をおき、ジャンボコインを見て次に何をすればいいか分からないフリをしながら手元に目線を下げ、観客にも同じように手元を見てもらうように誘導します。ゆっくりと両手を離していき、ジャンボコインが入るようにパースフレームを引き延ばしているように見せます。両手がパースフレームの端まで行き着いたら、両手の手のひらを観客に示すように返し、両手が完全に空っぽだと示します。

　ジャンボサイズのパースフレームを左手で取り、右手を自由にして口を開けます。右手で折りたたんだ袋を取り上げフレームの下で構えますが、何も言わずに袋が小さすぎるようになってしまったことを示します。フレームをテーブルの上に置き、袋を左手にのせて軽く丸めてボール状にします。しばらく左手の指先を使ってこの丸めた袋をコネコネして、袋の口から袋の底を引き出します。両手を使ってもいいでしょう。それから袋を平らにして、元のサイズの2倍になったことを示します。

　フレームを取り上げて大きな袋の口にそれをあてがい、左手で一緒に持ちます。右手でジャンボコインを持ち上げ、袋の中にそれを落とし、フレームを閉じます。しばらく間をおき、道具を片付けてこの演技を終えます。

フローティング・アセンブリー

　デビッド・ロスが考案したコインを使う「チンカ・チンク」[※注]は、現代におけるコインマジックを専門にしているマジシャンたちの十八番になりました。もしここに解説するテクニックのエッセンス（手の下に隠したコインを滑らせるというロス・バートラムの手法が基となっています）とヤンク・ホーが大きな影響を与えた「シンパセティック・コインズ」に使った道具を組み合わせたら、このような手順が生み出されるはずです。これは「フローティング・アセンブリー」と呼ばれています。なぜなら、この手順中にカードは決してコインに触れていないように見えるからです。

　カードとコイン、それぞれ4枚ずつ必要です。もし静かな部屋で演じるなら、柔らかい敷布などがかかったテーブルなどの上で演じなければなりませんが、本当に一般的な状況下で演じている中では周囲からの雑音があるので、どんな硬いテーブルなどの上でも演じることが出来るとデビッドは言います。

　4枚のコインを正方形に置き、コイン同士がそれぞれ約30センチ離れるようにします。4枚のカードを右手にビドルグリップで持ちますが、この時カードに強く凸状に反らせて曲げグセを付けます（図1）。このパケットは右手の親指と中指だけで持ちます。

　右手でパケットを持ちますが、右側に置いたコインの間で、テーブルの上2.5センチ上くらいに浮かべるようにして構えます。左手を使ってパケットの一番上にあるカードをつまみ取ります。左手の親指と中指をそれぞれカードを反らせているカードの端に当てて（図2）、軽く押して持ち上げながら、一番上にあるカードを右手から外して左手で取らないといけません。

　左手は前に動かし、右外隅にあるコインを持っているカードで覆うと同時に、右手の親指を密かに右内隅にあるコインの上にのせるように出来るまで右手を手前に引きます（図3）。このコインは親指の下にあり、手を動かしながらどこにでも滑らせることが出来ます。親指でこのコインを下に押し付けるようにして保持していて下さい。持っているカードはテーブルから浮かせて持ち続け

フローティング・アセンブリー

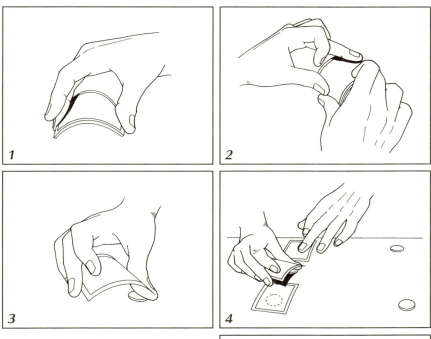

ています。

　左手の親指と人差し指を使って2枚目のカードをパケットの上から取ります。右手を前に動かしますが、親指の下にあるコインも同じく前へ動かします。左手に持っているカードをつい今までコインがあった右

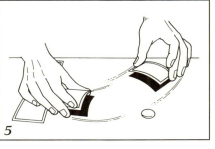

内隅の上に置きます（図4：滑らせているコインを見えやすくした図）。右手を12.5センチほど左へ動かし、コインで作った正方形の中心へ動かしながら、コインは右手の親指で滑らせ続け、持っているパケットは常に**テーブルの上から持ち上げて**構えています。左手を右手へと動かし、もう1枚のカードをパケットから取ったら左へ5センチほど動かし、右手も同じように右へ動かします（図5）。ちょうど何も隠していないことを示すジェスチャーのように見せます。

ウィリアムソンズ・ワンダー

両手を同時に動かし続けます。右手は左上隅にあるコインの上まで左へ動かし、左手は左下隅にあるコインの上まで右に動かし、左下隅にあるコインを覆います（図6）。この時、左下隅にあるコインをカードで完全に覆うために、左手の親指は自然にこのコインの上にこなくてはなりません。左手の親指を下げてコインに当て、"滑らせる"ポジションにします。

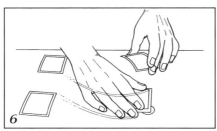
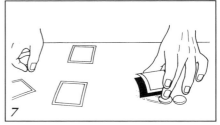

魔法のおまじないをかける動作として両手に持ったカードをキュッ！と上に反らすように曲げながら、両手を一瞬だけ１センチほど持ち上げます。これは親指と人差し指をキュッキュと前後に素早く動かす動作です。その後両手を再び下げますが、左手の親指は左下隅にあるコインの上にのせています。デビッドは魔法のおまじないをかけるようにしながら両手を一瞬だけ上げる動作を行い、両手がテーブルの上に浮いているを強調しているのです。

最初のコイン（左内隅にあったコイン）を（左外隅のコインへ）飛行させたように見せるには、右手を右に動かし、２枚のコインが縦にくっついて並んでいることを示します。右手は右に動かし続け、演技をしている場所から完全に離れたら持っているカードをテーブルに落とします。右手を右に動かしながら、左手を前に動かし、その下に隠れているコインも左手の親指を使って前へ滑らせていきます。左手の中指を使って、今左外隅に飛行してきたコインを横並びにくっつくように動かします（図7）。

右手で右外隅に置いてあるカードを持ち上げ、これを右斜め上に動かして右外隅にあるコインを観客に示します。今と逆の動作を行って右手を元の位置に戻します。逆の動作を行って右手に持っているカードでコインを覆うのですが、実際は右手の親指をコインの上に置き、右手を左斜め下に動かしながらコインを手前にずらしつつ（図8）、左手を前へ滑らせ、左外隅にある２枚のコイン

フローティング・アセンブリー

を覆いますが、この時ひそかに左手の親指の下にあるコインを加えてしまいます。

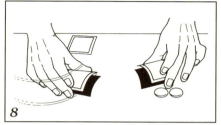 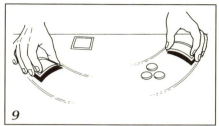

　両手を少し持ち上げ、カードを使って魔法のおまじないをかけ（カードをキュッキュと凸状に反らせる）、両手を下げ、右手の親指をコインの上に降ろしたら、両手を離すように動かします。右手を右に動かし、その下にあったコインが消えたことを示し、左手は左に動かし、その下にある3枚のコインを示します（図9）。

　両手と身体を左へ動かします。右手に持っているカード（と右手の親指で動かしている隠れているコイン）を左外隅にある3枚のコインの上に移しながら、左手は持っているカードを演技している場所の外に落とし

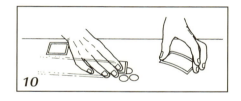

ます。カードをその上に落とし、4枚目のコインをカードの下に加えてしまいます。

　両手の位置を変えます。左手で左外隅にあるカードを持ち上げながら、右手も右内隅にあるカードへと移しこれを少し持ち上げます。両方のカードを使って上記で説明した魔法のジェスチャーを行ってカードを両脇へ動かし、4枚目のコインが飛行したことを示します。

　デビッド・ロスの原案のように、このハンドリングは流れるように演じることができます。そうすると、一般客の視点からは技法が行われた可能性が一切無いように見えるでしょう。デビッドは構成上の問題解決を助けてくれた西ドイツのトーマス・ヴァン・レンジャーに感謝したいと加えて言っています。

注：『世界のコインマジック』65頁参照

ウィリアムソンズ・ワンダー

セロファンっぽい何か

　別の道具を使った「ストライキング・バニッシュ」のまた別の応用例です。10セント銀貨がデック・ケースを包んでいるセロファンを何度も貫通してしまいます。これは最近デビッドが好んでいるこの技法の応用例です。この他の「セロファンの下に貫通するコイン」としては、ジョニー・ベンジース（奇術専門誌『ザ・ニュー・ジンクス』第31号、1964年）、マイク・スキナー（奇術研究誌『ザ・クロニクルズ』第1号、1978年）などが最も有名な例でしょう。

　2枚の10セント銀貨（以下、コインとします）、封を切ったトランプが必要です。ケースを包んでいたセロファンはまだ全部を取り去っていないものを用意してください。1枚のコインをセロファンの下に押し込み、ケースの左外隅に移します（図1）。

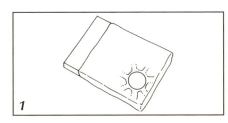
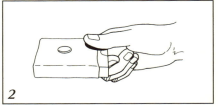

　最初に、カードケースの右内隅を右手で持ちます（フラップが付いた端が手前に来るようにします）。残りのコインをその上にのせます。余分なコインは**セロファンの下の面に**入っています（今現在左外隅にあります）（図2）。手のひらを上に向けた左手を右手の横で構え、カードケースを前に傾け、上にのっているコインを左手の指の上にストライキング・バニッシュを行える位置に必ず落としてください。

　ストライキング・バニッシュを行います（21頁参照）。両腕を振り、コインを左手から上に発射します。右手は宙に浮かんでいるコインをかすめ取り、その流れでカードケースで左手の指の上を叩き、それからケースを上に弾ませるとコインが消えたように見えます。**右手をすぐに返してカードケースの下側を**

セロファンっぽい何か

示し、コインがセロファンの下に貫通していることを示します（図3）。右手の指は曲げて、右手の中がからであることを示していることに注目してください。もちろん、消したコインは右手の曲げた中指と薬指でフィンガー・パームして隠しています。これはコインがどこに着地したかでコインを隠し持つ位置は変わります。

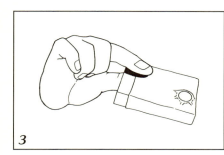
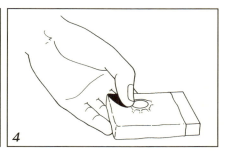

カードケースを右手から左手に持ち替えますが、コインが入ってる面が上を向くようにしてください。こうすることで右手を少し手のひらが上を向くように返すことが出来ますので、ケースの手前側を左手で掴みます（親指が上、残りの指先が下）。これからコインをセロファンの下から押し出したように見せます。

左手の親指の爪を使って、セロファンの下にあるコインをケースの中央に向けて少しずつ押し出していきます（図4）。コインがケースの中央に来たら、左手の親指を平らにしてその上に下げます。今、カードケースを左手の親指と残りの指先の間に持っています。左手を返し、カードケースのもう一方の面が上を向くようにしながら右手の指先をカードケースの下に伸ばし、ケースをその上にのせます。セロファンの下にあるコインはこれ以上動きません。ここからは取り出すフリをするのです。

右手の指先を伸ばした状態でカードケースの下面に当て、指先を右になすり付けるように動かします。ちょっとゴソゴソした動きになるようにしてください（図5）。セロファンの下にあるコインを押し出すように指先をケースの下面を押し上げて引くようにします。これは右手の中指でほぼ行っています。フィンガー・パームしているコインが見えるまでこの動作を続け、このコインをテーブルの上に落とします。

ウィリアムソンズ・ワンダー

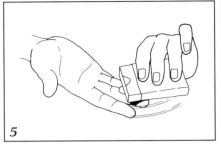

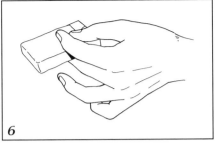

　次にまたケースを持ち替えますが、実際よりも複雑ではありません。右手を一瞬ケースから離します。左手の中指、薬指、小指をカードケースの**下**に動かし、中指はその下で伸ばし左手の親指をケースの上にのせます（図6）。こうしてケースを人差し指と中指の間ではさむように保持し続けるのです。

　コインを右手で取り上げ、このコインをセロファンの下に滑り込ませるフリをして、実際にはセロファンの上にのせます。最初に左手の親指でセロファンの端を反らして口を開けます（図7）。コインをこの口から中へ入れるフリをしながら、コインが口に入る一瞬前にセロファンを平らにして、コインをその上にのせます（図8）。コインは右手の親指だけを使って動かします。

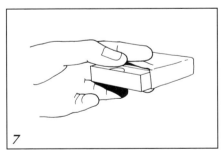

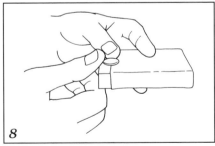

　右手をカードケースの横に動かし、指先は曲げておきます。右手の関節を使ってカードケースの側面を優しくトントンと叩き、上にのっているコインを前へ動かします。右手でケースの右内隅をつかみ（親指が上、曲げた残りの指先が下）、ストライキング・バニッシュが出来る位置に持ちます。

セロファンっぽい何か

　左手を一瞬どけ、右手でカードケースを左右に軽く振ります。こうしてコインをもう少し前へ動かします。最後に左手の爪をコインの手前に当て、図4にすでに示したのとまったく同じ動作でコインをぐいっと前に動かします。前はコインがセロファンの下にありましたが、今回はその上でコインを滑らせているだけです。ここではあなたの演技力が観客に納得させる鍵となるのです。親指の爪を使って、コインをケースの端のギリギリ近くまで動かします。

　左手を返し、指先を伸ばし、ストライキング・バニッシュを行えるようにカードケースの横で構えます。コインが再びセロファンを貫通したように見せるために、右手の手首でスナップを効かせてケースにのっているコインを上に跳ね上げると、弧を描いて左手の指先に落ちます（図9）。これを見た観客は目玉が飛び出るほど驚くでしょう。

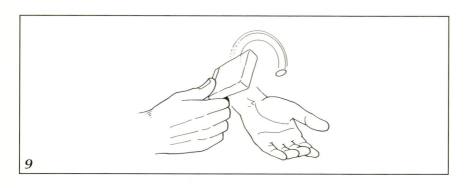

9

　左手の指先にコインが落ちてきたら一瞬間を開け、再びストライキング・バニッシュを行います。コインを消したら図3に示したように右手を返し、セロファンの下にコインがあることを示します。

ウィリアムソンズ・ワンダー

カットしないで

　カードを選んでもらったら、これを返してもらいます。コインを示し、これを消します。デックをカットしたら、消えたコインが選ばれたカードの上にのっています。これが数回繰り返され、それに続いて選ばれたカードと同じ数値のカード3枚がデックの中から飛び出します。この同じ数値の4枚のカードをテーブルに横一列に並べ、これを横にずらすとその下から1枚ずつ4枚のコインが出現します。

　ボブ・ドリエバックの「トシャルーン」は数え切れないほど多くの改案を生み出してきました。エド・マルローの「カード・フライト」（奇術専門誌『ポールベアラーズ・レヴュー』第1巻、第10号、1966年）はもっとも影響を与え、次に今まででもっとも素晴らしいハンドリング、ラリー・ジェニングスの「コイン・カット」（奇術専門誌『ジェン』1967年）を生み出すことになりました。ジェニングスのハンドリングはカードとコインの両方を使ったすごいマジックの1つで、その後多くのマジシャンたちに閃きを与え続けました。デビッドはこの手順を1981年に開催されたIBM国際大会コンテストのために考案しました（この大会で彼はクロースアップ部門の1位と総合受賞のゴールド・カップを獲得しました）。違ったクライマックスが起こるこの作品の初期型でもっと単純な原案は、マイケル・アマー著『アンコールⅠ』（自費出版、1980年）に解説されました[※注]。

　50セント銀貨4枚（以下コインとします）、小さな小銭入れ（がま口）、デックが必要です。あらかじめ4枚のエースをデックのトップにセットしておきます。1枚のコインをがま口の中に入れて口を閉じておきます。2枚目のコインはこのがま口の後ろ側に置きます。これらは右ポケットの中に入れておきます。がま口の後ろ側にあるコインはがま口の左側にくるようにしておきます。3枚目のコインは左ポケットにしまい、4枚目のコインは右手にクラシック・パームします。この手順は前の手順の最後に4枚のエースをひそかにコントロールして、右手にコインをクラシック・パームしたら、いつでも演技を始めることが出来ます。

　ここからは観客の前で行う準備の動作です。デックを取り上げ、左手ディーリングポジションに持ち、右手はデックの上からかけてビドルグリップで持ち

カットしないで

ます。デックのトップカードの下に左手の小指でブレークを作ります。デックの下半分をカットして上半分の上に重ね、左手の小指で作っているブレークをデックの中央にくるようにします。左手の指先を伸ばして右手の手のひらの真下にくるようにします。右手にクラシック・パームしているコインを左手の指先に落とします――これは右手の下で行われ、観客からは隠されています。

　左手を下げ、デックの右側をハマグリの貝殻のようにブレークの部分から開きながら（デックの左側はデックの上半分と下半分とがくっついたままで、上から見たとき何も起こっていないように見えます）、左手の指先を内側に曲げ、コインをひっくり返してブレークの真下にあるカードの上にのせてしまいます（図１）。こうしたら左手でデックの下半分を持ち上げ下の状態に戻し、右手はデックから離します。

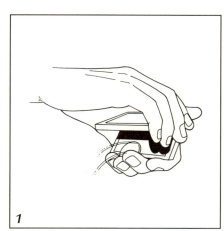
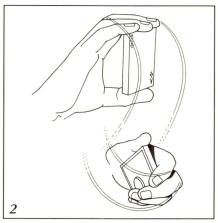

　観客に好きなところでストップと号令をかけて欲しいとお願いして、この手順を始めます。話しながらデックの上から少しだけカードを取り上げ、バラバラと左手に持っているデックの上にドリブルして戻します。デックの中央にあるコインは、フォースするカードの下にブレークを保持し続けてくれています。観客がストップというまで、デックの左外隅を左手の親指で弾いていき、ストップがかかったらコインの上にあるすべてのカードを右手でビドルグリップに持って持ち上げます。同時に、左手はデックの下半分を持って手前に返します。その上にのっているコインは左手の中指と薬指で保持し続けます。（図２）。コイ

ウィリアムソンズ・ワンダー

ンの位置が重要になります。トップカードの右側中央にのっていて、少しだけ縁からはみ出しています。

　観客がフォースカード（4枚のエースのうちの1枚です。ここではクラブだとしましょう）を覚えたら、左手を手のひらを上にするように返し始めながら右手を返して持っているデックの上半分の表が下に向くようにし、デックの下半分の上にバラバラとドリブルを始めます。これはタイミングを計りながら行えば下半分の上にのっているコインは観客に見えないでしょう。ブレークを作る必要はありません。コインがブレークを作ってくれます。

　デックは不揃いな状態にしたまま、右手でそれをテーブルに置きます。デックの左側が観客の方を向くようにしてください。なぜならコインはデックの右側にのっているからです。今、この側はあなたの方を向いています。デックの上半分は前に向かって斜めになっていて、観客側を向いているデックの側面は閉じたままになっています（図3）。再び注目して頂きたいのですが、コインは下にあるカードの縁からはみ出しており、デックの外にほんの少しだけ見えています。

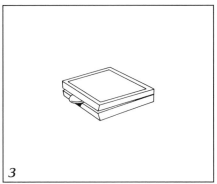

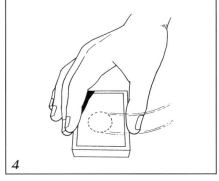

　がま口を探すために両手をそれぞれのポケットに突っ込みます。右手の親指と人差し指でがま口をつまむようにして持ち取り出します（その後ろにはコインが隠れていて、親指の先で保持しています）。左手は左ポケットの中に入っているコインをフィンガー・パームして、何も持っていないフリをしてポケットから出します。

カットしないで

　左手でがま口の口を開け、前へ傾けてその中を観客に示しますが、右手の親指と人差し指でこの中に入っているコインを布越しにしっかり保持します。シャトル・パスの要領で、手のひらが下を向くように右手を返し、同時に手のひらを上に向けるように左手を返します――ちょうどコインをがま口から落としてもう一方の手にのせたように見えますが、実際には右手の親指と人差し指でがま口の中のコインをしっかり保持していて、左手にフィンガー・パームしていたコインが観客に見えるようになっただけです。左手に持っているコインをテーブルに落とします。

　右手に逆さまに持っているがま口を左手を使って口を閉じ、コインがその後ろに隠れているがま口を左手に持ち替えますが、左手の親指（が手前側に当たるようにします）と左手の人差し指（が外側に当たるようにします）でつまむようにします。これをテーブルの左側に置きます。

　左手でテーブルに置いたコインを取り上げ、フレンチドロップを行うように持ちます。この技法を行い、右手にコインを取り上げたように見せます。コインを握っているように見えている右手をデックの上で構えながら、コインをフィンガーチップ・レストに持っている左手は手のひらを下に向けるように返してテーブルの上で休めています。

　右手の指をニギニギしてから開き、コインが消えたことを示します。「コインはデックの中で濾過されていき、あなたのカードの下で止まります」と言います。手のひらを下に向けるように右手を返し、デックの上半分を取り上げるためにデックの上にかけます。上半分を取り上げるには、右手の親指でデックの縁からはみ出しているコインの縁を叩き、デックの中央へと動かします（図４：デックの上半分は透視図のなっています）。間をおかずにデックの上半分を取り上げ、手のひらを上に向けるように右手を返してクラブのエースを示します。

　持っているデックの上半分を右手ディーリングポジションに置き、右手の親指でクラブのエースを左へ押し出します。左手を右手の横に動かし、手のひらを上に向けるように返すと同時に左手の指先をこのカードの下で伸ばしながらフィンガーチップ・レストにあったコインをクラブのエースの下に移し、このカードを左手の指先で持ちます。

ウィリアムソンズ・ワンダー

　手のひらを下に向けるように右手を返し、持っているデックの上半分をデックの下半分の手前に置きます。長い方の側が自分の方に向くようにしてください。右手をデックの下半分へ向けて動かし、それをつかんで前に傾けると、上にのっていたコインがテーブルに落ちます。

　同時に、左手はコインを指先に隠しながらカードをひっくり返すロス・バートラムの技法を行います（『スターズ・オブ・マジック』138頁、1951年、『マジック・アンド・メソッズ・オブ・ロス・バートラム』39頁、1978年参照）。簡単に解説します。カードの上に曲げた人差し指をのせ、親指を伸ばしてカードの右側にかけます（図5）。同時に親指でカードを上に持ち上げ、人差し指を伸ばします。カードの下にあるコインを残りの指先で隠しながら、こうしてカードを弾いて裏返しにします。裏向きになったカードは今左手の指先の上にのっていて、その下にはコインが隠れています。左手の親指はカードの上にのっています。もし必要なら、右手の動きがミスディレクションを与えてくれます。

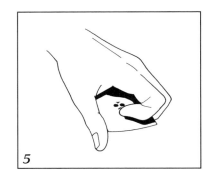

　すでにテーブルに置いたデックの上半分の上に右手に持っているすべてのカードをのせます。手のひらを下に向け、左手に持っている、その下にコインが隠れている裏向きのカードを右手の指先でつまむように持ち替えます（親指が下、残りの指先が上）。カードの表を自分の方に傾け、それを一瞬見て、再びカードの表をテーブルに向くように水平にします。左手をデックに近づけ、左手の親指でデックの手前側をパラパラと弾いて持ち上げます。右手で持っているカードとコインを一緒にデックの中央に差し込み、持ち上げているカードを閉じます。図3のようにコインは縁から少しはみ出しています。

　左手でテーブルの上にあるコインを取り上げて、フレンチドロップを行うように持ちます。今回はバートラム／マルローによる"スパイダーグリップ・バニッシュ"をマイク・スキナーの方法で行います。これは『世界のコインマジック』80頁、または『デビッド・ロス・エキスパート・コインマジック』の14頁に解説されています。実際にはコインを右手に持っていて、デックに向けて投げつけ

カットしないで

る動作の途中でクラシック・パームしてから、左手も空であることを示します。左手をデックに近づけ、図4のようにコインをデックの中央に弾きながら、コインから上にあるすべてのカードを取り上げます。手を返し、デックの上半分の表側にクラブのエースがあることを示します。

左手に持っているカードの表を手前に向けるように傾け、ネクタイ・セカンド・ディールを行います。左手の親指でクラブのエースを押し出しながら、カードの表側から2枚目にあるカードを右手で取り（右手にクラシック・パームしているコインはこの動作を邪魔しません）、カードを右手で取ったらすぐに手のひらを下に向けるように返し、このカードをテーブルの上に伏せて置きます。テーブルの右側に置くようにしてください。

手のひらを下に向けた右手の指先を下ろし、デックの下半分の上にあるコインの上にのせます。残りのカードを持った左手をそのそばでテーブルから浮かせるようにして構えます（図6）。右手でこのコインを取り上げたように見せます。まず右手の指先を持ち上げ、手のひらが上を向くように手を返しながら握りますが、コインは元の位置に置いたままです。こうしながら左手に持っているデックの上半分をテーブルに置いてあるカードの上にのせます（図7）。すぐに右手を開きますと、手のひらの上にあるコインが見えます。

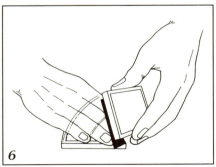
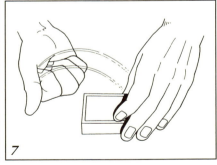

このコインをテーブルの右側に置いてある裏向きになったカード（観客はクラブのエースだと思っている）の上に落とします。左手の人差し指でコインの上を軽く押し下げてカードが動かないようにしながら、右手の指先をその下に差し込み、ずっと観客にはカードの裏面が見え続けるようにしながら優雅にこ

のカードを持ち上げます。カードの両側を右手の親指と残りの指先に当てるようにして持ち、カードの裏面が観客に向くように傾けます。左手の人差し指はコインを押してカードから離れないようにしています。右手の人差し指は軽く曲げてカードの表面に当てています。

　コインを反時計回りにカードの裏面にこすり付けるように動かし始め、1、2回転させたところでコインを右手の親指の先の真下に来るようにします（図8）。ここでいくつかのことを一瞬で行います。右手の人差し指を伸ばして、カードの長い側を中指からパチンと弾いて外れるようにしますが、コインは右手の親指の先でカードの裏面に押し付けるようにして保持しつつ手のひらを下に向けるように右手を返し、左手はコインを掴んだかのように握って、手のひらを上を向けるように返します（図9）。「あなたのカードは消えてしまいました……」と言います。これはジーン・フェレが行っている技法の改案です。

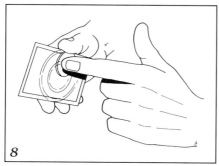
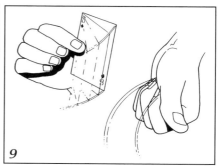

　右手の人差し指だけカードの上側に動かし、カードとコインを一緒に人差し指と中指の間に挟むようにしながら持っているカードを表向きにします。握った左手をこのカードでパタパタと扇いでから左手を開き、「……コインも消えてしまいました」と言いコインが消えてしまったことを示します。

　手のひらを下に向けるようにして左手をデックに近づけ、コインの上にあるすべてのカードを取り上げ、手のひらを上に向けるように返して上半分の表にクラブのエースがあることを示します。左手の親指でエースを半分くらい持っているカードから押し出します。クラブのエースと右手に持っている関係ないカードを持ちかえしますが、新たに右手に持ったカード（クラブのエース）の

カットしないで

下にコインを隠し続けてください。(最も簡単な方法は、関係のないカードをクラブのエースの下に滑り込ませ、右手の親指をクラブのエースの上に動かし、これを右のほうへずらします)。

今右手にあるエースを使って左手に持っているすべてのカードを裏返します。表向きにしたエースを左手に持っているカードにのせますが、カードの幅半分くらい右に突き出た状態にします。左手の親指でこのカードを押さえます。右手を手のひらを下に向けるように返してこのカードから離しますが、エースの下に隠れているコインも右手にフィンガーチップ・レストに移しますが、このコインが見えないように注意してください。右手は軽く握り、テーブルの上にのせて休めます。左手の親指と指先を使ってクラブのエースを裏向きにして左手に持っているカードの上にのせますが、まず左手の親指でこのカードを右に押し出し、持っているカードの右側からはみ出るように伸びている残りの指先を使って上に押し上げてひっくり返して持っているパケットの一番上にのせます。

右手を左手に持っているカードに近づけながら、フィンガーチップ・レストにあるコインをクラシック・パームします。右手で左手に持っているデックの半分を取り上げます。

左手を使ってテーブルに置いてあるカードを傾け、その上にのっているコインをテーブルに落とします。右手に持っているカードをテーブル上にあるカードの上にのせ、デックを揃えます。これで４枚のエースはデックのトップにきました。

テーブルの上にある見えているコインを左側に動かします。デックのトップにあるクラブのエースを混ぜ込むように見せて、テーブルの上にあるデックをフォールス・カットします(『プロがあかすカードマジック・テクニック』(S.W.アードネス著、浜野明千宏訳、東京堂出版、1989年)の43～46頁に解説されている、ファンシーブラインドカットの方法１、２がここではピッタリです)。

状況確認：４枚のエースはデックのトップにあります。最初のコインは右手にクラシック・パームされていて、２枚目のコインはテーブルの上、３枚目のコインはがま口の中、４枚目のコインはその下に隠れています。

ウィリアムソンズ・ワンダー

　見えているコインをテーブルから左手で取り上げ、フレンチドロップを行うように持ち、すぐにこの技法を行って右手に取ったフリをします。右手を離しながら、コインをフィンガー・パームしている左手は手のひらを下に向けるように返します。デックの上で握った右手の指をニギニギしながら、手のひらを下に向けます。もちろん、コインをクラシック・パームして隠し持っていますから、手のひらを見せられないのはお分かりかと思います。今回は両方の手を空であると見せられないので、ここで行うすべては"スパイダーグリップ・バニッシュ"と同じような動作でコインを消したように見せているだけです。

　両手はすぐにデックの両端をつかみます。デックに手を近づけながら、左手の指先で隠し持っているコインをクラシック・パームします。ここで、ジョニー・ベンジースが考案したカットを4回行って素早く4枚のエースを取り出します。両手はデックをテーブルの上で行うスリップカットをするように持ち、右手の人差し指はデックのトップカードを下に押しつけます。デックの下半分とトップカードを持った右手を前に動かします（図10）。右手に持っているカードがデックの上半分（左手で持っています）から外れたら、右手を手首のスナップを効かせて外側に動かしながら、トップカードを中指を軸にして飛ばします（図11）。トップカードは前に回転しながら飛んでいきテーブルに落ち、このカードがデックの中央から飛び出てきたように見えます。

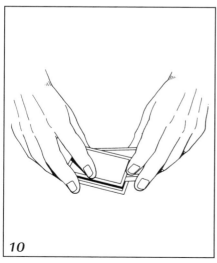

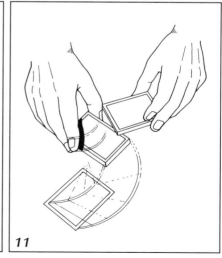

カットしないで

　左手に持っているカードを右手に持っているカードの上にのせ、この動作をあと3回繰り返して残り3枚のエースも取り出します。

　残りのデックを手前に動かしてどけます。両手を前に動かし、今取り出した裏向きのカードをそれぞれ持ち上げます。今から表向きにした4枚のエースを横一列に並べます。まずどれでも構わないので2枚のカードを両手で1枚ずつ取り上げ、それを表向きにしながらその下に1枚ずつコインを仕込みます。この2枚の表向きにしたエースをテーブルに置きます。この2枚のカードの下にはそれぞれコインが隠れています。この2枚は4枚のエースを横一列に並べたときに中央にある2枚となります。左手に持っているエースをテーブルに置くとき、置いてあるがま口から2.5～5センチ右隣になるようにおいてください（図12はあなたから見た図。分かりやすくするため、4枚すべてのコインの位置も見えるようにしてあります）。

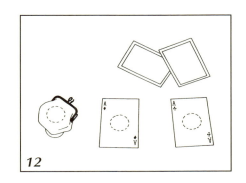

　残っている裏向きになった2枚のカードのうち1枚を右手に取って、これを表向きにして3枚目のエースであることを示し、並べたエースの右端に置きます。残った裏向きのカードを取り上げ、表向きにして4枚目のエースであることを示します。これを右手に持ちます。両手をがま口の上に移します。右手に持っているカードをがま口が置いてある場所に置きながら、左手はがま口を取り上げます。右手に持っているカードはがま口の下に隠れていたコインの上にそれを覆うように置きます。

　がま口を振ってから開き、中から本当に堂々とコインを取り出します。魔法のようにコインがま口の中から現れました。がま口を閉じて脇にどけます。右端にあるエースを持ち上げて、その下にこのコインを置きます。

　「ちょっとゲームをしましょう」と言います。右手の指先を差し込めるくらい、左手で右端にあるエースの内端を持ち上げます。右手の指先を差し込んで、こ

ウィリアムソンズ・ワンダー

のカードの下にあるコインを指先の下に取ったフリをして、カードを下ろしてテーブルに置きます（まだコインはこのカードの下にあります）。右手の指の下にまだコインがあるかのように、指先をテーブルに押しつけます。右手の指先を左から２枚のエースまで滑らせていきます。左手でこのエースの内端を持ち上げ、右手の指先をその下に差し込んで指の下にあるコインをカードの下に入れたように見せます。右手の指先がカードの下に差し込まれた瞬間、左手で持っているカードを持ち上げて、その下にあったコインを示します。観客はこれが右端にあるエースの下にあったコインと同じものだと信じます。

左手に持っているカードを右手の指先とコインの上に下ろします。右手の指先をその下から抜き出しますが、指先の下にコインを持っているフリをします。右手を右から２枚目にあるカードの手前に動かします。左手でこのカードを持ち上げながら、右手をこのカードの下に差し込みます。観客は見えたコインが同じコインだと信じます。このエースをテーブルに下ろして、右手の指先をこのカードから抜き出します。

今回は右手の指先をあなたの前に置き、円を描くように指先を動かし、指をあげてその下にあったコインが消えたように見せます。両手で同時に４枚のカードを横にずらしてポール・ハリス風に４枚のコインを一度に出現させます（図13）。

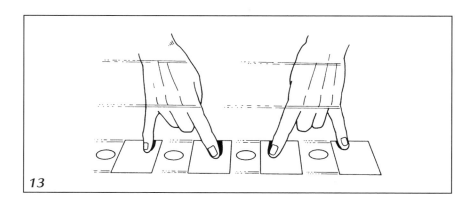
13

注：本書は入手不能だが『ザ・マジック・オブ・マイケルアマー』（マイケルアマー著、L&Lパブリッシング、1991年）の122頁参照。

Cards
カード

綴って、配って

　デビッドはこの手順の演出に面白い演出をこっそり入れ込みました。エドワード・G・ブラウンと他の皆さんが考案した「ア・フューティル・レッスン・イン・オープン・スペリング（綴り方の役に立たないレッスン）」が基になった手順です。アルトン・シャープが上梓した『エキスパート・カード・カンジャリング』（1968年）の中に発表されました（75頁）。基本的なアイデアは昔ながらのものです。デックが本当にあなたの思い通りにならないように見せるのですが、不思議さを大いに加えるために、デビッドのハンドリングにはいろいろな仕事が加えられています。

　手順の間（もしくは事前に）、よく切り混ぜられたデックを取り上げ、それを両手の間に広げます。ハートのエースから10までをデックの表にカルして集め、次の順に並べ替えます。表から後ろへ──8、6、2、4、9、3、エース、5、10、7です。ここでデビッドがこの順を覚えるために使っている語呂合わせをお教えしましょう。「8人の6本指の49年組が7を15個探している（Eight Six-toed（2）, Forty-Niners（4と9）, Traced（3とエース）, Fifteen Sevens（5と10と7））」

　デックを裏向きにしてオーバーハンド・シャッフルを行いながら、数枚のカードをデックのボトムへ移します。ボトムにセットした10枚のカードをそのままの状態にしてください。

　（デビッドはホフジンサー・スプレッド・カルを使っていますが、次のようにもデックをセットしています。デックを3～4回広げますが、ひそかに必要なカードを広げたカードの下に滑り込ませ、これをデックの一番下へと移します。10枚のカードがデックの一番後ろに集められた時、先ほどお教えした順になっていないといけません。そうしたらデックを裏返し、オーバーハンド・シャッフルを行います。まず左手にデックのトップから15～20枚のカードをそのまま取り、それからシャッフルを続けていきます。こうすると、10枚のセットしたカードはデックのボトム付近へと移ります）。

綴って、配って

「今からあなたにカードをシャッフルして頂きたいのですが」と話します。裏向きにしたデックをテーブルに置いて、一度だけリフルシャッフルを行います。その後デックを観客に渡し、同じことを観客に行ってもらいます。マジックの現象が起こり始めるまで、あなたはこの手順中カードに触れません（この部分はロジャー・クラウスから提案されました）。

観客がカードをシャッフルし終えたら、「デックを取り上げて広げてください。ハートのエースから10までを抜き出して行って欲しいのです。お分かりですか？ A、2、3、4、5、6、7、8、9、10ですよ──ジャックやクイーン、キングは抜きださないように」と話します。2回リフルシャッフルを行うことで10枚のセットしたカードの間には複数枚のカードが入り込みますが、セットしたカードの順番は変わりません（これはチャールス・ジョーダンまたはアーサー・フィンレイが考案したアイデアです）。観客を注意深く観察して、観客が偶然10枚のセットしたカードを見逃さないか確認しますが、もし見逃しそうならそれを指摘して「あ、ここに1枚！」と言います。これは親切心で行っていて、他意はない感じで行います。

観客が最初に見つけるカードはハートの8のはずです。観客がこのカードをテーブルに置いたら、このカードを裏向きにします。観客が次の6のカードを見つけたら、観客は表向きか裏向きかどちらかでこのカードをテーブルの上に置きます。もし観客があなたの動作を見ていたら、カードを裏向きにして配るはずですから、この後何か余分な手助けをする必要はありません。もし観客が6のカードを表向きにしてテーブルに置いたら、あなたが裏向きにして、このカードを8の上に置きます。観客の知性に応じて、あなたが毎回カードを裏返しにしてカードを重ねていかなければならないかもしれません。最終的な目的は、最後に10枚のハートのカードが裏向きのパイルになっていて、これが最初にお教えしたカードの順に並んでいるようにすることです（ボトムからトップへ：8、6、2、4、9、3、A、5、10、7）。

「デックをテーブルに置いて、今あなたが抜き出したカードを取り上げて、裏向きにして持ってください」と話します。もし観客がデックを裏向きに置いたら、カードに触ることは二度とありません。もし表向きにデックを置いたら、これを裏向きにして観客の前に置きます。観客が抜き出したカードを持ったら、すぐに「一番上のカードを取って、一番下に移してください」と言います。観

客がそうしながら、あなたは「A……」と言います。言いながら少し発音を高めにしていきます。この発音法を使いますと、あなたの口からAと行った後に何か不安感を一瞬かもし出します。スペリングを行うとは言っていませんから、今から起こることはすぐには分からないでしょう。

「もう一度やってみましょう」と言います。観客がもう1枚のカードとパケットの上から下へと移す間、あなたは「C……」と言います。これは「C」と発音しているのか「See」と発音しているのか分からないでしょう。そして、続けてこう言います「もう一度やってください……E……」これで最後という感じで発音をしてください。「一番上のカードをめくってください」と言います。観客がそうしてハートのエースが現れると、観客は驚いて叫ぶでしょう。観客の視点からは、奇妙なことが起こったように見えます。観客が覚えている限り、観客自身がデックをシャッフルして、カードを抜き出していますので、あなたがカードに触っていないからです。そして、ここから現象がだんだん起こっていくことがすぐに分かります。

エースを表向きにしたら、「見ました？　これは理解できない」と言いながらあなたの手でテーブルをバン！と叩きます。あなたは観客の注目を一身に浴びます。観客にエースをテーブルに置くように言います。もし観客がこれを裏向きにしてデックの上に置いたら完璧です――裏向きのデックを観客の前に置くことでちょっとしたヒントになります。もしエースを普通にテーブルに置いたら、これを取り上げてデックの上にのせます。もしエースを表向きに置いたら、これを裏返しにします。一度こうすれば、あなたが何も説明しなくてもデックの上にカードを裏向きにして戻すのだと理解してくれるはずです。

「もう一度やりましょう」と話します。観客がカードを移動させている間に、それに合わせて「T……W……O」と2のスペルを綴っていきます。2文字目、もしくは2文字目を観客にもその文字を発音してもらうことで、その観客のペースを速めていきます。「見てください」と観客に行ってパケットのトップカードを見てもらうように仕向け、ハートの2をその上に表向きにして置きます。あなたは手でテーブルを叩き、「お分かりですか？……これが問題なんです……もう一度やってください」と話します。このセリフを言う時、声のトーンをちょっと怒った感じするのが重要です――何かにイライラして、上手いこと言えず、言葉にはしたものの、ちゃんと説明できないことをこのセリフで伝えるのです。

綴って、配って

　うまくいけば、観客はこのハートの２を裏向きにしてデックの上に置いてもらえるはずです。もしそうしてもらえなかったら、何も言わずにあなたがそうしてください。観客にあなたの指示に従って、次のカードのスペルを綴りながらカードを移して行ってもらいます（あなたも彼女と一緒に）T…H…R…E…Eと綴っていって、次のカードを表向きにしてハートの３を示します。「あなたは右利きですか？　私に起こる問題をお見せしましょう」と言いながら、観客からパケットを受け取り、ハートの３を裏返しにしてデックの上にのせます。

　「私がちゃんとできているか言ってくださいね」と言いながら、あなたがF…O…U…Rと綴りながら、カードを１枚ずつアルファベットに合わせながら上から下へ移していきます。観客を見つめ「大丈夫でしたか？」と聞きます。観客はそうだとうなづきます。トップカードをめくって、それがハートの７であることを示します。「いつもこうなっちゃうんです——前は私のラッキーナンバーだったのに。もう一度見せてくれますか？」と話します。ハートの７を裏向きにしてパケットの上に戻します。カードを観客に戻します。

　観客がカードを移動させ始めたら「F…O…U…R」と一緒に綴りながらカードを移動させる手伝いをした後、観客が一番上にあるカードを表向きにしてハートの４であることを示したら「単にカードを一番下に動かしてるだけですよね？……下から２枚目に入れているわけではないですよね？？」と話します。４を裏向きにして、デックの上に配ります（もし観客が覚えていないようでしたら、そのジェスチャーをしてください）

　気ぜわしく「もう一度やってみて！」と言います。自分も上手く出来るはずだけど、何故か失敗してしまうと思っていることを観客に意思疎通しなければなりません。観客が「F…I…V…E」と綴りながらカードを移動させているとき、あなたの手を観客の手のそばに近づけて早く自分も試したいようなフリをします。ハートの５が出てきたら、このカードをデックの上に配るようにジェスチャーをして、パケットを取り返します。

　興奮しながら「次は私の番！」と言います。S…I…Xと綴りながら、１文字ずつに合わせてカードを上から下へ移動させていきます。そして嬉しそうに一番上のカードをめくります。するとハートの７が現れます。頭を振って、ハートの７を裏返し（パケットの上にのせたままにしてください）、観客にパケット

ウィリアムソンズ・ワンダー

を手渡します。「もう一度見せてくれませんか？」と話します。

　観客はS…I…Xと文字を綴りながら１枚ずつカードを上から下へ移していくと、最後にはハートの６が出現します。この時点で、観客は何も言わなくても自然にこのカードを裏返してデックの上に配っていなくてはなりません――しかし、もし必要ならグズグズせずに手伝ってあげましょう。

　観客からパケットを受け取って、両手の間に裏向きになっている４枚のカードを広げます。左手の親指はトップから２枚目にある裏向きのカードの上に、そして右手の指先はトップから３枚目のカードの表面に下から押し上げるようにそれぞれ当てていなければなりません。「絶対に１枚足りないと思います！」と言いながら両手を離し、右手はトップカードと３枚目のカードを、左手は２枚目のカードと４枚目のカードを取ります。右手を素早く動かしますと、カードの位置を入れ替えていることには気づかれません。すぐに両手の親指と残りの指先で持っているカードをこすり合わせてから右手に持っているカードを左手に持っているカードの上に落として、カードを揃えます。

　S…E…V…E…Nと綴りながら１文字毎に１枚のカードを上から下へ移します。すぐにトップの２枚でダブルリフトを行い、ハートの７を示します。カードの動きを止めてブレークを作るにはタイミングが悪いので、デビッドはブラザー・ジョン・ハーマンのテクニックを使っています。これは『ブラザー・ジョン・ハーマン　カードマジック』（リチャード・カウフマン著、TON・おのさか訳、東京堂出版、2007年）の一番最初に解説されています（９頁参照）。簡単に解説します。右手でパケットの右側中央をつまむように持ちます（親指が上、残りの指先が下）。左手の親指を使ってブロック・プッシュオフを行い、ボトムカードの上にある３枚を一度に押し出します。左手の中指の先をこの３枚重ねの一番下にあるカードの左外隅に下から押し上げてこのカードが動かないようにしてしまいます。左手の親指はまだカードを押し続け、残った２枚重ねをさらに右へと動かします。右手でこの２枚重ねの右側中央を掴んでいますので、このまま２枚重ねをひっくり返して左手の上にのせます。一瞬間をおいて、ハートの７がすべての観客に見えたら、この２枚重ねを再び同じようにひっくり返します。

　パケットのトップカードをデックの上に配ります（実際はハートの10）。ここで２回目のカードの入れ替え、つまりトップカードを中央のカードと入れ替

綴って、配って

えを行いますが、カードを観客に返すときに操作ミスしたように見せかけて行います。ボトムカードをバックルして、右手の人差し指を上2枚のカードの下にできたブレークに差し込み、上2枚の右内隅を掴みます（図1）。右手の親指を図のように右内隅の上にのせたら、左手の親指はパケットのトップカードの上に横たえます。

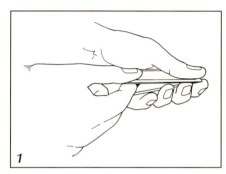
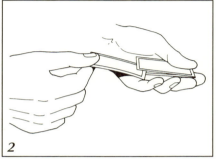

　右手の人差し指を優しく上げ中央のカードが動かないようにし、左手はカードを渡すために観客に向けて動かしますが、左手はトップカードとボトムカードを一緒に持っていきます（図2）。中央のカードは右手に残ったままになります。カードがパケットから外れたら「あっ！」と言い、右手を前に動かし持っているカードを左手のカードの上に落とし、すべてのカードを観客に手渡します。

　観客に次のカードを数えるように言います。観客はE…I…G…H…Tと綴りながらカードを1枚ずつ上から下へ移していきます。トップカードを返してハートの8であることを見せたら、裏向きにしてデックの上に配ります。最後にもう一回N…I…N…Eと数えて、カードを上から下へ移していきます。最後にトップカードを返してハートの9であることを示し、再びこのカードを裏返してデックの上に配ります。

　突然、偉いさんのように「最後はオレがやるんだ！」と言います。残ったカードを観客から取り返し、手から手へカードを移し替えながらT…E…Nと綴っていき、このカードを表向きにしてハートの7であることを示します。「このマジックにはあまり向いてないかもしれないです」と言いながら、このカードをデックの上に配って終えます。

インターレイスド・スウィンドル

　ポール・ハリスの手順「インターレイスド・バニッシュ」は、彼が考案してきたマジックの中でも影響を与えた作品の1つです（この手順はもともと奇術専門誌『アポカリプス』第1巻、第1号に掲載され、その後同年1978年にポールの著書『ラスベガス・クロースアップ』（チャック・マルティネス・プロダクション）の140頁に再録されました）。この手順は持久力を持っています。デビドはこのプロットを完全に別の、もっと観客が納得のいく方法で扱いました――一般の素人だけでなく、多くのマジシャンにも完全に不意打ちをくらわせるような作品です。

　よく混ぜたデックを取り上げ、両手の間に広げて4枚のキングを抜き出したらデックを脇にどけます。4枚のキングを取り上げ、これを赤黒赤黒の順に並べてから右手ビドルグリップに持ち直します。以下のようにカードを数えてハーフパスを行っている間、単に「4枚のキングです」とだけ話します。最初の2枚のカードを1枚ずつ左手の親指で引いて左手のひらに取っていきます。これは自然なディーリングポジションに置くようにします。カードを引き取る時は、両手はお互いスムーズに近づけて離します。

　両手を近づけて3枚目のカードを引き取る準備をしますが、（すでに左手で持っている）先に引き取った2枚のカードの右内隅を左手の小指で引き下げ、同時に左手の親指でカードの左外隅を押し下げます（図1）。こうすることで2枚のキングが凸状に反ることになります。右手に持っている残り2枚のキングが左手を完全にカバーしたら、左手の親指を右手に持っているカードの上に動かすと、自動的に左手に持っていたカードの左外隅にかかっていた力が外れ、この2枚は瞬間に裏返しになります（図2）。

　すぐに右手に持っている2枚のキングを押し下げ、左手に持っている裏向きになった2枚のカードを平らにするようにのせながら、右手に持っているキングの内上側のキングを左手の親指を使って1センチほど左へ引きます（図3）。スムーズに行いますと、この下側にある2枚のキングが裏返しになる様子は見えません（これの先行する技法としては、『コンプリート・ウォルトン　第1巻』

インターレイスド・スウィンドル

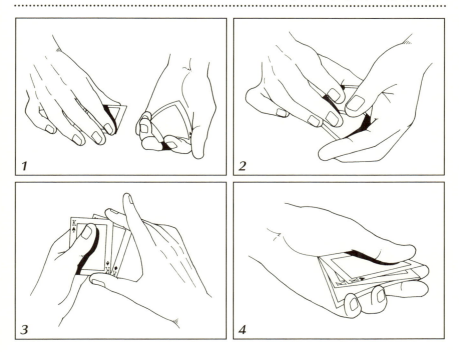

（ロイ・ウォルトン著、ルイス・ダヴェンポート・リミテッド、1981年）の中で触れられていたアレックス・アルムズレイが考案した未発表の技法があります）。キングのパケットをそのままの状態（上側のキングが少し左にずれている状態）でテーブルに置きます。

「あと3枚のカードが必要です——ハートのエースと2と3です」と言いながらデックを取り上げ、素早く両手の間に広げてこの3枚を見つけて抜き出します。デックを裏向きにしてあなたの真正面に置きます。3枚のハートのカードの表を自分に向けて、表から後ろに向けて2、3、エースの順に並べ替えます。

3枚のカードを返して、ファン状に広げて観客に示しますが、右手で持っていてください。この時点で3枚のハートの表をあなたは見られないことが重要です。左手で広げたカードの一番左にあるハートの2を取り上げ、デックの上に裏向きにして置きます。こうしながら「3」とわざと言い間違えます。間をおかず左手を広げたカードに近づけ、次のカード（3）を取り上げ、これをデッ

クの上に伏せて置きながら「2」とわざと言い間違えます。最後に残ったカードを左手で取り上げ、「……そしてエース」と言い、これをデックのトップに伏せて置きます。観客はあなたがカードを混ぜてしまったと思い込みます――そして、彼らにはそれを言い出すチャンスがありません。この裏に隠された心理的作戦はすぐ後で明らかになります。

　3枚のハートのカードをデックの上にきっちり重ねて置かずに3枚のカードは少し斜めにずれた状態にしておきます。こうすることで、これから行うカードを取り上げる技法にさらに錯覚を加えます。

　キングのパケットを取り上げて揃え、これを左手ディーリングポジションに持ちます。今から4枚のキングの間にハートのエース、2、3をはさんでいくように見せます。右手でキングのうちの1枚を取り上げて、これをデックの上に移し、この下にハートのカードを1枚取ります。これをキングのパケットの上に加えます。この動作を3回繰り返しますが、これは完全にフェイクの動作です。デックからは1枚のカードも取り上げません。

　左手の親指で一番上にあるカードを少し左へずらしながら、同時に左手の小指で一番下にあるカードの右内隅を引き下げます（図4）。中央にある2枚のカードがほんの少し見えるだけこの2枚のカードを動かせば十分です。親指でカードをずらすとき、パケットの外端にかけている左手の人差し指で1枚のカードだけが動いていることを確認してください（ブラザー・ジョン・ハーマンの"ジェミニ・カウント"を十分ご存知でしたら、左手の小指でカードを引き下げる代わりに左手の中指でボトムカードをバックルした方が良いとお思いかもしれません――最終結果は変わりません）

　今見えている中央にある2枚の右側を右手で掴みます（親指が上、残りの指先が下）。この2枚重ねをパケットのトップカードとボトムカードの間から引き出します。右手はまっすぐデックの上に動かし、間をおかずにその上に下ろします。ここで、キングの下にデックの一番上にある裏向きカードを取ったように見せなければなりません。実際には2枚重ねをデックのトップに当てて、右手の親指で上側のカード（キング）を右にずらすのです（図5）。こうして2枚重ねの下側にある裏向きカードが見えるようにすると、このカードがデックのトップカードのように見えるのです。

インターレイスド・スウィンドル

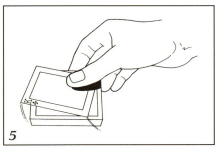
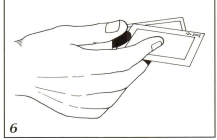

　右手の人差し指を2枚のカードの上にのせ、広がった2枚のカードを右手の人差し指と中指の間にはさんでから（図6）、右手を上げます。親指を2枚のカードの下に差し込み、カードが垂直に立つまで持ち上げながら、右手の中指を曲げてカードの動きを邪魔しないようにします。こうすることで広がった2枚は下側にあるカードの表（観客はエースだと思っています）があなたの方を向いており、この2枚を右手の親指と人差し指ではさんで持っている状態になります。

　「最初はエースです。これを2枚のキングの間に挟みます」と話しながら、あなたの方を向いているカードの表をチラリと見てわざとカードの名前を言い間違えます。手のひらを下に向けるように右手を返し、裏向きのカードを左手に持っているキングのパケットの上にのせますが、このカードをインジョグしておきます。右手に残っているキングを裏向きのカードの上に置きますが、さらにこのカードよりも大きくインジョグしておきます。こうしたらすべてのカードを押して揃えます。

　パケットを右手にビドルグリップで持ちます。パケットのトップカードである表向きのキングを左手の親指で引いて左手に取ります。このカードをパケットの下に移しますが、このとき右手の親指でこのカードの上にブレークを作ります。今パケットの上にある裏向きのカードを左手の親指で引いて取り、残りのカードの下に移します。今親指で作ったブレークはトップにある2枚の下にあります。このパケットを左手ディーリングポジションに持ち直し、ブレークも左手の小指で保持し続けます。

　上記4つの段落で解説した動作をあと2回繰り返します。しかし、今回からはパケットの中央から2枚のカードを抜きだす必要はありません。すでにパケッ

ウィリアムソンズ・ワンダー

トには都合よくブレークを作っています。単にパケットの上２枚のカードの右側を右手の親指と人差し指で掴み、デックの上に移します（デビッドは『スターズ・オブ・マジック』（ジョージ・スターク編著、ルイスタネン、1951-1961年）の78頁に解説されているダイ・ヴァーノンの２枚のカードを使ったプッシュオフを行って、ちょっとした美しさを加えています。こうすることによって、左手の親指と人差し指でブレークの上にある２枚重ねをパケットの上でずらして、右手で取り上げることができます）。どちらにせよ、２枚重ねをデックに触れさせたら、親指で上側のカードを右にずらします。

右手で２枚のカードを持ち上げて、これを手前に傾け、親指と人差し指の間に持ち替えます。あなたの方を向いているカードの表を見て、こう言います。「そして２です……え、ちょっと待って、これ３じゃない！」もちろん、そうではありません。しかし、これが要点なのです。あなたがカードの順を間違えていることに気がついたことを観客が理解した、というドラマチックな状況を作り出したのです。観客は動揺したり、それを待っていたりしていました——しかし、観客たちが何を思っていたにせよ、これはこのカードが別のカードであるという事実から観客の気をそらすミスディレクションになっているのです。２枚目のカードを取り上げてすぐにこれが２だと言えば、観客が最初に考えるのは「違う、それは３だよ！」ということのはずです。そして、観客たちは自分たちで勝手に納得します。

あなたが今表を見たカードを裏向きにして左手に持っているパケットの上に少しインジョグしてのせます。そして、右手に持っている表向きのキングを裏向きのカードの上にさらに手前にインジョグしてのせます。すべてのカードを揃えます。パケットの上から１枚ずつカードを一番下に移しますが、この２枚のカードの上に右手の親指でブレークを作ります。

このすべての操作を繰り返します。これが３回目です。右手で２枚重ねを取り上げ、デックの上にある次のカードをその下に取ったフリをします。広げた２枚のカードを手前に傾け、あなたに向いているカードの表を見て「あ、ここに２がありました」と言います。この２枚のカードを今まで解説したように左手のカードの上に置き、すべてを揃えます。１枚目と３枚目のキングは表向きになっていて、２枚目と４枚目のキングは裏向きになっています。

インターレイスド・スウィンドル

　次に、このパケットを1枚ずつ数えとっていって、見かけ上3枚の裏向きのカードが4枚の表向きのキングの間に差し込まれている様子を示していきます。原案となったポール・ハリスが考案した"ハーマンカウント"の改案を使います。パケットを右手ビドルグリップに持ちます。1、2、3と数えながら左手の親指で最初の3枚を引いて取っていきます（表向きのキング、裏向きのカード、表向きのカードの順です）。4枚目を数えとるとき、右手に残っている裏向きのカードを左手に持っているカードの上に降ろします。右手で一瞬すべてのカードを再び持ちます。間をおかず、左手の親指で一番上にある裏向きのカードを引いて取り去ります。5枚目を数えとるとき、右手に持っている表向きのキングを左手の上に引き取りますが、このカードが左手のカードの上に重なる前に左手の小指でこのカードの下にブレークを作ります。6枚目のカードを数えとるとき、右手に持っている2枚のカードを左手に持っているカードの上にのせ、ブレークの上にある表向きのキングをその下に取ります。間をおかず、左手を左へ動かしながら左手の親指を使って右手の一番上にある裏向きのカードを左手に引き取ると、右手に2枚重ねの表向きになったキングが残ります。最後7枚目を数えとるときに、右手に持った2枚重ねのカードを左手に持っているカードの上にのせます。

　最初覚えるときに複雑なように思えますが（ある一定のリズムをキープしつつ、カードを1枚ずつ数え取りながらそれぞれ違うことをしなければならないので確かに難しくはあります）、あなたに必要なのはきちんとカードを数えとっていくということです。7枚のカードを1枚ずつ左手の上に引き取っていき、それぞれの表向きのキングの間に3枚の裏向きカードがはさまっている様子を見せたように思わせます。これは急いで行う必要はありません。スムーズで一定のリズムが、このフォールス・カウントを成功させる鍵となります。

　上から2枚目のカードの下に左手の小指でブレークを作ります。この小指で下側にある2枚のカードを引き下げて、ブレークを少し広げます。こうすることで上側にある表向きのキング2枚の右下隅を右手でつかむことが出来ます（親指が上、人差し指と中指が下）。左手の親指は一番上のカードの左外隅にのせていなくてはなりません。

　一度にいろいろなことを素早く行います。最初に右手でブレークから上にある2枚のカードを持ち上げ、前に動かし始めます。左親指のおかげで、この2

91

ウィリアムソンズ・ワンダー

枚のカードは大きくたわみます（図7）。こうしながら左手の薬指と小指で図に示したように下側の2枚を引き下げます。4枚すべてのカードの左外隅がパチンと弾けるように、同時に左手の親指から右手のカードを**上に外します**。左手の中の2枚の裏向きカードは左手の薬指と小指でほとんど引き下げていますので、左手の親指をこの2枚のカードの上にのせて完全に表向きにしてしまいます。左手を手前に動かして2枚のカードを広げながら右手は前へ動かしていき、持っている2枚のカードを縦にずらします（図8）。4枚のキングだけが見えます。間にはさまっていたハートのカードは消えてしまいました。

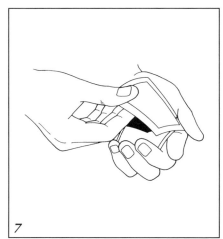
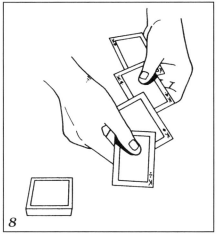

　最後に、今デックのトップにあるハートのエース、2、3を再び取り出して終わります。これはあなたが好きな方法を使って行ってください。デビッドは2回テーブル上で行うスリップカットを行ってデックを3つの山に分け、それぞれの山の上に3枚のハートのカードを移します。これはポール・ハリスの原案のハンドリングです。それぞれのトップカードを表向きにして手順を終えます。またはベンジースカットを3回行って、3枚のカードをデックのバラバラな場所から飛び出させることも出来ます。ベンジースカットは「カットしないで」の中で解説してあります（76頁の図10、11）。

背後からグサリ！

　カードをデックに投げ込んで選ばれたカードを当てるマジックは、1940年代にハリー・ロレインによって演じられました。彼がニューヨークにあるザ・リトル・クラブで生計を立てるためにテーブルマジックを演じていた時のことです。デックをテーブルの上に置いて、ハリーは数メートル離れ始めます。彼が話しながらちょっとずつデックに近づき、デックから数十センチ離れたところから実際にカードを手からデック目掛けて投げたのです。これは最終的に1966年に奇術専門誌『ザ・ニュー・ジンクス』の中に発表され、その1年後彼の著作『デック・ステリティー』(1967年) の129頁に再録されました。ロレインの方法はカードをデックの任意の場所に投げ込み、スリップカットを行って選ばれたカードをその場所に移し替えるものでした。その後、ジョニー・ベンジースはそのロレインの現象が発表される前に耳に入ってそれに触発され、同じく『ザ・ニュー・ジンクス』誌上にスリップカットを使わない方法を発表しました（演者の中には本当にタイミングが悪い時にスリップカットを行う人もいますから）。その方法にはエスティメーション（目測）が必要でした――出来るだけ選ばれたカードがある位置（演者には分かっている）にカードを投げ込むようにするのです。

　ハリー・ロレインにとっては、スリップカットが一番上手くいきました。ジョニー・ベンジースにとっては、エスティメーションが一番上手くいきました。デビッド・ウィリアムソンにとっては、実際にカードを選ばれたカードの隣に投げ込むことが――いつも確実にね――一番上手くいくようです。

　混ぜられたデックを左手ディーリングポジションに持ち、スペクテイターズ・ピークを行います。手を上げて、右手の中指を使ってデックの右外隅を手前に向かってパラパラ弾いていくか、観客の親指を使ってデックの右外隅の好きなところを押し広げてもらいます。どちらにせよ、観客にそのカードを覚えてもらったらデックを閉じ、左手の小指で選ばれたカードの下にブレークを作ります。

　左手を下ろして普通の状態に持ち、デックを右手ビドルグリップに持ちます。左手の小指を使って選ばれたカードの右内隅を押してデックの外にはみ出させ、カード全体が少し斜めに傾くようにします。デックを閉じますが、選ばれたカー

ウィリアムソンズ・ワンダー

ドの位置ははみ出したカードによって目印が付けられています。

　右手でデックを持ち上げ、デックを回転させて端を入れ替えます。右手を回転させ、デックの内端がいま上に向いています。左手を回転させ、人差し指が上を向いたらデックを持ち直します（図1）デックからはみ出している斜めにずれている選ばれたカードの隅は、いま上端の近くにあり、手前に向いています。これは観客から見えていません。

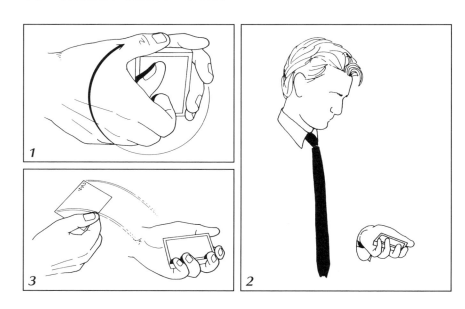

　右手をデックから離してどけます。左手を下ろしてディーリングポジションに持ちます。しかし、同時に少し左を向いてデックの左側（カードの隅がはみ出している）を観客から見えないようにします（図2は観客から見た図）。

　魔法のおまじないをかけるように右手をデックの上で振ります。そして指をパチンと鳴らし、勝ち誇ったようにデックのトップカードを取ります。これを表向きにして選ばれたカードであると言いますが、すぐに観客が否定していることに気づくでしょう。それに合わせて反応して、正しいカードを見つけようと言います。

背後からグサリ！

　関係ないカードの1つの隅を右手で持ちます。カードは表向きにして持って、このカードを回転させてデックの中に投げ込む位置で構えます。デックに目を向け、右手を左腕にそって振りかぶり、カードを投げ込む準備をします（図3）。同時に左手の人差し指をデックの外端に沿って曲げます。左手の親指を使ってはみ出したカードの隅を押し上げ、はみ出したカードをデックに押し込むとこのカードの下に新しいブレークを作ることが出来ます。デックの右側は左手の指先を使ってまだ閉じています（図4はデックの反対側の端から見た、わかりやすくした図です）。

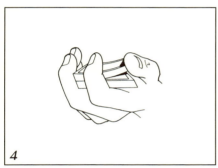

　右手の動きを逆にして、デックに向けて振ります。持っているカードがデックから5センチくらい近づいたらそれを手放します（図5）。右手からカードが離れたと同時に、左手の親指と人差し指をピクッと動かし（正直言って、こうとしか書きようがありません）、ブレークから上にあるカードを**投げ上げて**一瞬だけブレークの所からデックを開きます。その瞬間にカードがその間に飛び込んでいき、デックの上半分は自然に閉じます。

　ダメなアイデアだと思わないでください。デックを「投げ上げる」という言葉を使いましたが、これは左手の親指で物理的にデックの上半分を上げ下げしていないからです。デックの上半分は元どおり閉じるまで、0.3～0.5センチだけポン！と跳ね上がるのです。これは本当に素早く起こる一瞬の動作で、目には見えません。そして、これは思っているよりも断然簡単に出来ます。

　選ばれたカードを示すには、右手でデックから突き出している今投げ込んだカードを掴み、これを使ってその上にあるカードすべてを持ち上げます。これ

ウィリアムソンズ・ワンダー

をテーブルに降ろし、投げ込んだカードを使ってのっているカードすべてを表向きにします。選ばれたカードはテーブルの上に置いたパケットのトップに現れます。

　選ばれたカードを斜めに傾けなくても演じることが可能です。ピークを行った後、ブレークから上にあるすべてのカードを縦に凹状に反らせます。カードの隅を突き出していないので、カードを投げ込む前にデックを回転させる必要はありません。練習をすれば、左手の親指ですぐにカードの反りからカードの位置を見つけることが出来ます。そしてそこから上にあるすべてのカードをポン！と上に投げます。

駆け足の旅行者たち

　ダイ・ヴァーノンの「トラベラーズ」が『ザ・スターズ・オブ・マジック』(1951-1960年)の1作品として初めて発表されて以来、そんなに多くの特記すべき改案が発表されてきた訳ではありません。数少ない中の1つが、ラリー・ジェニングスの「アンビデクトロス・トラベラーズ」で、これは4枚のエースを4つのポケットから取り出した後、**再び**4枚のエースを4つのポケットから取り出すのです。他に発表された多くの手順は、ヴァーノンによる原案の手順構成を残しています。しかし、単純に異なった方法のパームを代わりに使っているだけです。デビッドのハンドリングは4枚のエースが4つの**バラバラな場所に**あるポケットから出てくるビジュアルな現象を犠牲にすることなく、いくつかのパームを無くしました。

　両手の間にデックを広げて、4枚のエースをアウトジョグします。すべてのエースを見つけたらデックを揃え、4枚のエースを抜き出して、これをテーブルに置きます。どんな種類でも構いませんので表向きになったデックの一番下にあるカードをハーフパスを使ってひっくり返します。最後にどこからでも構いませんのでカードを10～15枚ほどカットして、デックの一番下に移したら、デック全体を裏向きにします。こうしますと、表向きになった関係ないカードがデックのトップから10～15枚目あたりにくることになります。

　右手で4枚のエースを取り上げます。カードを少し広げて、裏向きにして持ちます。手のひらを下に向けるように右手を返し、4枚のエースの表を観客に示しながら右手を左手の前に動かして、広げたエースを一瞬盾にしてデックの外端が観客に見えないようにします。すぐにデックの左外隅を左手の親指でパラパラ弾いていき、ひっくり返っているカードを探します。そこまで行き着いたらもう1枚だけカード（ひっくり返っているカード）を弾いて、このパケットの下にブレークを作ります。

　右手を返して、一番下にあるエースをブレークの中に差し込みます。これはひっくり返ったカードの真下に差し込むことになります。他の3枚のエースも5枚おきになるようにデックの中に差し込んでいき、デックの中央部分に

97

ウィリアムソンズ・ワンダー

エースを均等に離れるように差し込んで行ったように見えます。これからダイ・ヴァーノンが考案したマルチプル・シフトのカルメン・ダミコによる改案を行います（これは元々『ザ・マルチプル・シフト』（エド・マルロー著、マジック・インク刊、1961年）に発表されました）。エースは均等に2.5センチデックの外端から突き出た状態になっています。

　左手の人差し指を伸ばし、アウトジョグされた4枚のエースの前端に当てます。左手の手首にスナップを効かせて一番上のエースの上にのっているすべてのカードを前に滑らせます（図1）。動いたカードのブロックは左手の人差し指で止まり、突き出ている4枚のエースの上に重なります。

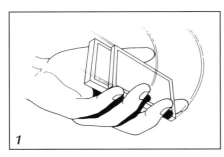 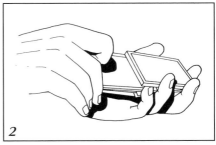

　ヒンズーシャッフルを行うように、手のひらを下に向けた右手でデックのインジョグされたすべてのカードを掴みますが、左手の親指と中指の位置が重要になります。アウトジョグされたカードの左外隅と右外隅に当てて、お互いギュッと力を入れてしっかり持っていなければなりません。右手で持っているカードを左に傾け、押し下げます（図2）。この図では3枚の下側にあるエースの右内隅が見えています。左手の小指をこのブレークに差し込みます。

　すぐに右手に持っているカードを引き抜いてヒンズーシャッフルを始め、左手に持っているカードの上に切り下ろしていきます。シャッフルを終えたら、一貫した動作でブレークの下にある3枚のカードを右手で取ってデックのトップに移します。今状況を確認しますと、3枚のエースがデックのトップにあり、4枚目のエースがデックのボトムにあります。そして、ボトムカードの上にひっくり返った関係のないカードがあります。

駆け足の旅行者たち

「4枚のエースが今デックから消えて、それぞれ**バラバラな**ポケットの中へ飛び込みました」と言いながら両手を合わせて、すぐにデックのトップから1枚のエースを右手にトップパームしてからデックをビドルグリップで持ち、左手でデックを持ち直せるようにします。

　左手のひらが下を向くように返し、右手からデックを取り上げます（図3）。両手はすぐに別々の方向に動かし、それぞれの上着のポケットに突っ込みます。右手が見えなくなったら、パームしているカードを右手の親指で押し出して指先に持ち直しながら左手はデックの人差し指がかかっている端からポケットに突っ込みます。左手のひらが上を向くように返し（デックのボトムが上を向きます）、親指を一番上にあるカードの上にのせます——このカードは表向きになったエースです。両手をそれぞれのポケットから出しますと、それぞれの手にはエースがあることが分かります（図4）。この2枚のエースをテーブルに落とします。

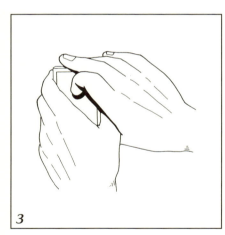

　ひそかに反転させたデックは今表向きになっていて、一番上には裏向きのカードがのった状態になっています。両手を合わせたら右手を下げてデックをビドルグリップに持ちます。すぐにサイド（またはボトム）スチールを行って、デックの一番下にあるカード（表向きのエース）を右手にパームします。カードをパームしたら、右手でデックを再びビドルグリップに持ち直します。

ウィリアムソンズ・ワンダー

　左手のひらを下に向けるようにして返し、図3に示したようにデックを左手に持ち替えます。左手はその場で構えたまま、右手で上着の端を押しのけてズボンの右ポケットに突っ込めるようにしますが、手全体をポケットの中に突っ込みません。パームしているカードを親指と人差し指で持ち、この2本の指（とカード）だけをポケットに入れて残りの指はポケットの外に出しておくのです。これは昔からあるサトルティーです。

　右手の指先でポケットの中にエースを取り出しはじめた瞬間、すべての視線はこのエースに向けられますので、左手をズボンの左ポケットに突っ込みながら身体を少し左に向けます。これは観客の興味が身体の右側に集まっていますので、自然な動きになります。

　左手をポケットの中に入れますが、デックの前端だけを入れるようにし、左手の親指ですぐにその下にあるエースを前に押し出します（図5はポケットが透視図になっています）。身体を正面に向け、両手を完全にポケットから出します（図6）。2組目のエースをテーブルの上に落としますが、手の平を下に向けた左手で持っているデックは裏向きのように見えています。これをひそかにひっくり返さないといけません。こうする方法の一つは、右手で何かのジェスチャーをしながら、単に左手を身体の脇に一瞬降ろしてから、左手を上げますが、今回は手の平を上を向くようにしてあなたの前に持ってきます。今、ひっくり返った関係のないカードはボトムにありますので、次に演じる手順のために使うことも出来ます。

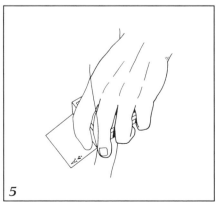 

有名なスリー・カード・トリック

　もうすでに山ほどあるエドワード・ヴィクターが考案した「イレブン・カード・トリック」の新たな改案を本当に読みたいですか？　はい、もしその原案者しか出来ないように思える難しいフォールス・カウントを使っていなかったらね。あなたがすでに知っている、たった1つのカウント――エルムズレイ・カウントしか使わないこの改案は？　それならこの素晴らしい手順を演じることが出来ますね！※注

　「私が演じる中でも最高傑作をお見せしたいと思います――有名なスリー・カード・トリックと言います」と話しながら、同時に右手にデックのトップにある4枚のカードをパームしながら、デックを観客に手渡し「きっちり3枚のカードをください」と言います。手の平を上に向けた左手を観客に伸ばし、カードを受け取りますが、観客が3枚のカードを一緒にまとめて取り出そうとしたら、「バラバラな場所から1枚ずつ抜き出すようにしてください」とお願いします。

　観客が最初の2枚を左手の上にのせたら、観客は3枚目のカードを抜き出すために下を向きます。この瞬間右手はひそかに左手のカードの上にパームしていたカードを加えます。左手を伸ばして、3枚目のカードをその上に加えてもらいます。今、7枚のカードを持っていることになります。

　「デックを持っていてください。今からもらった正確に3枚のカードだけを使って有名なスリー・カード・トリックを演じてみたいと思います。1…2…3…4枚のカードを使います」素早くエルムズレイ・カウントを行いますが、左手少し返すようにしてカードがパチン！と音を立てるようにします（図1）。2枚目のカードをとる時5枚のカードのブロックを左手で取ることになりますが、素早く数えることで厚みを隠すことを助けます。

　カウントを終えたら、トップの3枚のカードを両手の間に広げて（今観客には4枚のカードの裏面が見えています）、上の2枚を右手に取ります（図2）。アスカニオが行っていたような動作を使って、両手の親指を上側にあるカードに当ててズリズリ前後に動かします（図3）。左手の中指と薬指でカードのブロッ

ウィリアムソンズ・ワンダー

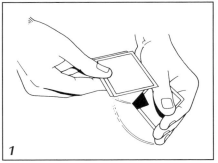

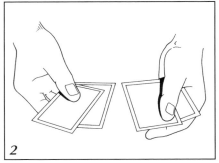

クをしっかり持ちます。「うーん、時々カードがくっついていることがありますから。大丈夫です」と言います。右手を伸ばして、2枚持っているカードの内下側にあるカードをデックの上に戻します。残ったカードは左手のカードの上にのせます。

　「さあ、これで有名なスリー・カード・トリックをご覧頂けます」もう一度エルムズレイ・カウントを行って4枚のカードに示します。図2と3で行った動作を繰り返します。トップの3枚を広げ、上の2枚を右手に取ってカードをグリグリ動かします。観客を怒った表情で見て「3枚しか要りません」と言います。右手に持った2枚のカードの内下側にあるカードをデックの上に戻し、右手に残ったカードを左手のカードの上にのせます。

　「よく見てくださいね──きっちり3枚のカードを使った、有名なスリー・カード・トリックです」と言います。3度目のエルムズレイ・カウントを行って、4枚のカードに見せます。「ちょっと待ってよ、3枚しか必要がないって言いましたよね！」と話します。同時に図2と3の動作を繰り返し、右手に持った2枚のカードの下側にあるカードをデックに戻して、残ったカードは左手のカードの上にのせます。

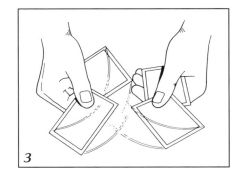

有名なスリー・カード・トリック

ほとんど叫ぶように「スリー・カード・トリックです！」と言います。今回は数え方を変えます。エルムズレイ・カウントに似せた動作で、まず最初のカードを左手に取ります。両手を再び近づけますが、今回は左手のカードを右手のカードの下に取りません——左手に持ったままです。右手の親指でボトムカードの上のカードを2枚重ねで押し出します。この2枚重ねを左手に持ったカードの上に取って2枚目と数えます。最後に残ったカードを左手のカードの上に数え取ります。「素晴らしい、有名なスリー……」と言いながら、右手でパケットを取りファン状に広げます。4枚のカードが見えたらセリフを途中で止めます。広げたカードから1枚のカードを抜き出し、デックの上に落とします。

パケットを揃えて左手ディーリングポジションに持ち直します。「これからご覧いただくのは、有名なスリー・カード・トリックです！」と言います。エルムズレイ・カウントを行って、3枚のカードを4枚に見せかけます。数えながら、最初に左手に取ったカードを右手に持ったカードの下にスチールしてください。パケットを揃えて、右手ビドルグリップに持ち直しますが、何枚もカードを持っているかのように怪しげに持ってください。左手で1枚だけカードを取り、デックの上に戻します。

「何枚のカードを持っていると思いますか？」と観客に聞きます。答えはいつも「3枚」とか「4枚」です。右手で残った2枚のカードをきっちり重ねて2枚重ねで持ち、表向きになるように弾いて、カードの両面を示しながら「1枚しかありません！」と話します。この2枚重ねを左手ディーリングポジションに持ち直します。

「いいですか、まず1枚のカードをください。そしてもう1枚ください」と言います。観客は2枚のカードを1枚ずつくれますので、左手のカードの上に加えます。パケットを右手に持ち直し、これを観客に手渡し数えてもらうようにお願いしながら手のひらを上に向けて左手を観客に向けて差し出し、デックを返してくれという無言のきっかけを与えます。観客はパケットを持ち数えなければならないので、自然の流れでデックを返してくれます。

観客がカードを数えている間、すべての視線は観客に向いていますので、その時にデックの上半分を右手にパームします。左手は下ろして残りのデックをテーブルの脇に置きながら、右手をすぐにあげて左袖の肘あたりを持ち上げま

す。観客が4枚のカードだとわかるのと同時に行うことですべての動作をカバーします。

手のひらを上にした左手を伸ばして、観客に4枚のカードを返してもらったらすぐに右手を下げて平らにしてパケットの上にのせ、パームしていたカードを加えてすぐに右手を手前に動かし、トップカードを手前に引き取ります（図4）。このカードをテーブルの上に投げます。左手は多くの枚数のカードをディープグリップでカードの厚みを隠すように持ちます。左手の人差し指でもカードの厚みを観客から隠すようにします。

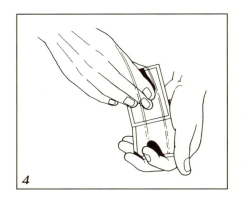

「残りは……」と言いながら、右手でカードを広げ始めます。ここでやりたいことは、あなたが持ちきれないほどカードが多すぎるように見せかけたいのです。なので、すべてのカードを両手の指先の間に広げたら、右手を超えたカードはテーブルの上にバラバラと落としていきます。もし正しく行ったなら、まるであなたが制御不能になってカードが目に見えて増殖していくように見えます。

左手に最後の4枚が残るまでカードを広げていきます。4枚のカードを揃えて、一番下のカードをバックルして、このカードの上に左手の小指でブレークを作ります。すぐに3枚のカードを右手にトップパームします。右手で左手に残ったカードを取り上げ、テーブルの上に投げます。観客を見て、すばらく左手を伸ばし、**観客の左肘**をつかみます。右手をその下に動かし、腕の下から3枚のパームしていたカードを取り出して演技を終えます。

注：エルムズレイ・カウントについては『パケット・トリック』（マックス・メイヴェン著、TON・おのさか訳、東京堂出版、2005年）の208頁参照。

催眠術師

　アル・リーチが考案した「レッド・ホット・ママ」は確かに創造性に富んだプロットです。多くの異なった改案が発表され続けましたが、この作品は他の作品の一歩先を行っています。催眠術を使った素晴らしいセリフはトリックにピッタリ合っています。赤裏のデックと1枚の青裏のカードを示します。この青裏のカードをデックの中に差し込みます。観客にカードの表面だけを見せて、その中から好きなカードを自由に選んでもらい、それがたった1枚の青裏のカードであることを証明してみせます。これを違う観客を使って繰り返しますが、選ばれた1枚のカードの裏はいつも青裏です。最後にデックすべてのカードが青裏に変化してしまいます。デビドの手順の最初の部分はまったく独自に考案されたものですが、1976年にレクチャーノートの中で発表されたフィル・ゴールドスティンの「ドロップ・コントラスト」から多くのヒントを得ています。

　赤裏のデックと青裏のデック、赤裏/青裏のダブルバックカード2枚が必要です。赤裏のデックはまったく準備が要りません。何故なら、このデックはこのトリックを演じる前から使っていますので、あなたの演技中なんの準備もなく何時でもこのトリックを演じ始めることが出来ます。青裏のデックを次のように準備します。トップから、ダブルバックカード（青裏が上）、関係のない青裏のカード、ダブルバックカード（赤裏が上）、残りの青裏カード。準備した青裏デックは上着の左ポケットの中に入れておきますが、トップカードがあなたの方を向くようにしてください。

　赤裏デックを使って、あなたのお好きな手順を演じてください。このトリックを演じる準備ができたら、裏向きにした赤裏デックを右手ビドルグリップに持って、「リチャード、今までに催眠術を見たことがあるかい？　リチャード、今から一言しか言わないよ（指をパチンと鳴らします）。このカードは青裏なんだ」と言います。左手を上着の左ポケットの中に突っ込み、青裏デックのトップカードを取り出します――これは青裏の面が上を向いた赤裏/青裏のダブルバックカードです。

　違う観客の方を向いて、「リチャードは青裏のカードを見ていると思ってるんだ」と言います。お手伝いの観客の方に向き直し、「リチャード、今からこの

ウィリアムソンズ・ワンダー

青裏のカードをデックの中央付近に差し込むからね」と言いながら、セリフに合わせて、左手を使って青裏のカードをデックの中央付近に差し込みますが、このカードを少しだけアウトジョグしておきます。デックを左手ディーリングポジションに持ち直し、右手でアウトジョグしてある青裏のカードをデックの中に揃える時にこのカードを斜めにずらし、カードを揃えながらこのカードの上に左手の小指でブレークを作ります。

「カードをシャッフルしてから、あなたにカードの裏面を見せないようにしてカードの表を見てもらおうと思います——どのカードが青裏のカードか知って欲しくないからね」と話します。右を向き、左手の親指をデックの下に差し込んでデックを持ち上げてデックの表が観客の方を向くようにします。ブレークより後ろにあるカードをすべて右手で取り上げて、デックの表にカードを切り下ろすようにしてオーバーハンド・シャッフルを行います。今ダブルバックカードはデックの一番後ろにあります。

右手に持っているカードが無くなったら、左手の指先で一番後ろにある青裏カード（ダブルバックカード）を押さえ、右手はデックの中央付近からカードを取り上げ、オーバーハンド・シャッフルを続けます。カードはデックの表側に切り下ろしていきます。シャッフルを終えたら、表向きのデックをディーリングポジションに持ち直します。

「今からカードを裏向きにしていくから、好きなところでいつでもストップと号令をかけてください」と言います。カードをスタッドディールしながら、テーブルの上に裏返しにして配っていきます。ギャグとして、観客が何度もストップと言っても、デックの半分くらいカードを配り続けます。ただカードを配り続けながら、こう話し続けるのです「私には関係ありません、あなたが好きな場所ならどこでも良いです。ただストップと言ってください。あなたが強い衝撃を感じた時で構いませんから……」デックの半分くらいにきたら、突然カードを配るのを止め、「ここですね……変えたくないんですね？」と話します。これはくすくす笑いを誘います。

左手に残っている表向きのカードをテーブルの上に配った裏向きのカードの上に落としたらすべてを取り上げて、左手ディーリングポジションに持ち直します。両手の間にカードを広げて「あなたに見て欲しいのです——すべてのカー

ドを。あぁ、お好みならカードを変えても構いませんから」と話します。もし観客が気が変わったなら、表向きのカードならどれでも良いので抜き出して一番上に置きます。

　カードを両手の間に裏向きの赤裏カードが出てきた所まで広げていきます。右手は広げた表向きのカードをすべて持っています。左手は裏向きのカードをディーリングポジションに持ち直します。左手を前に動かしながら、左手の親指を右手に持ったカードの一番上にある選ばれたカードの上にのせます。このカードを左手に持った裏向きのカードの上に表向きのまま引いてのせます（図1はその途中の図）。右手に持ってるカードをすべてひっくり返し、これを左手に持っているカードの下に入れてデックを揃えます。観客が選んだカードは表向きの状態で裏向きになった赤裏デックの上にのっています。これはダブルバックカードの真上にのっているのです（今は赤裏の面が上を向いています）。

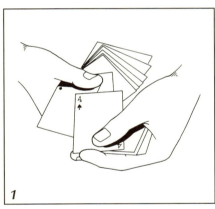 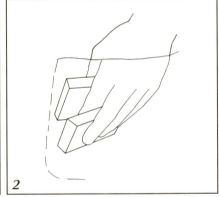

　「リチャード、覚えているかな、青裏のカードをこのデックのどこかに差し込みました」と言います。カードを両手の間に広げていきます。青裏のカードを探すかのようにしますが、上から2枚目のカードを少しだけインジョグします。続けて「あなたは信じないかもしれません。（指をパチンと鳴らします）このカードが青裏のカードなんです。唯一のね」と話します。ダブルターンノーバーを行い、2枚重ねをデックの上にのせて青裏カードであることを示します。トップカードを親指で押し出し、このカードをテーブルに落とします。「リチャード、これが青裏のカードに見えますか？」と言います。他の観客の方を向いて

「青裏に見えるって」と言います。正面を向いて「みなさん、もしよろしければリチャードを猿のようにこの部屋中歩き回すことも出来るのですが、止めておきましょう」と話します。

　こう話しながら青裏カードを取り上げてデックの上にのせ、トップ２枚のカードの下にブレークを作ってもう一度ダブルターンノーバーを行い、二枚重ねを表向きにしてデックの上にのせると観客が選んだカードが見えます。親指でこのカードを押し出して、テーブルに落とします。観客の目を見つめ指を鳴らして「リチャード起きなさい。皆さん、今ご覧頂いたのが素晴らしい催眠術のちょっとした実演でした。リチャードは本当にこのカードが青いと考えていたのです」と話しながら、選ばれたカードを取り上げ、これを裏向きにして赤裏であることを示します。これを裏向きにしてデックの上に落とします。観客を見て「リチャード、今は赤裏のカードに見えているんじゃないですか？」と話します。

　観客はこの時点でマジックは終わったと思っています。左手を上着の左ポケットの中に入れながら、左手の中指、薬指、小指で先に入っていた青裏のデックをはさんで持ちます（図２はポケットが透視図になっています）。間をおかずに親指と人差し指の力を抜いて赤裏デックをポケットの中に落とし、すぐに左手を取り出し、持っている青裏デックをディーリングポジションに持ちます。「もう一度やってみましょう、リチャード。でも他の誰かで試してみましょう」と言いながら行うことでこの一瞬で終わる操作をカバーします。

　左手をポケットから出しながら、親指でトップカードを右へ押し出すと、同じ赤裏デックの上に青裏カードを半分重ねて取り出したように見えます。「ベン、あなたは催眠状態に入りました。（指をパチンと鳴らします）青裏のカードが見えますか？」と言います。他の観客の方を向いて「ベンも青裏のカードが見えるってさ」と話します。ベンの方を向いて「今夜リチャードと一緒にここに来たの？」と聞きます。

　右手で青裏カードを取り上げ、デックの中央付近に差し込みます。すべてのカードが青裏のカードですので、ブレークを作る必要はありません。「ベン、今あなたの青裏のカードはデックの中に入りました。裏を見えないようにしてデックをシャッフルしますよ」と話します。左手の親指を使って、デックを立てて表面が観客の方を向くようにします。左手の指先で一番後ろにあるダブル

催眠術師

　バックカードをそこに保持しながら、デックをオーバーハンドシャッフルします。カードの表面がずっと観客の方を向き続けているようにします。

　シャッフルした後デックを揃えたらデックを表向きにしてテーブルの左から右へ広くリボンスプレッドしますが、この時一番下にあるカードを数枚重なるようにして、ダブルバックカードが見えないようにします。「お好きならば本当にどのカードでも選んでもらえます。1枚のカードをどれでもいいので押し出してください」と言います。ベンが1枚のカードを押し出したら「変える気はありませんか？　これがあなたが青裏のカードだと信じているのですね？」と話します。

　デックをすくい上げて揃えて、全体を裏返したら左手でディーリングポジションに持ちますと赤裏のカードが一番上に見えます。右手でベンが押し出したカードを取り上げ、青裏のカードであることを示しながら「ベン（指をパチンと鳴らします）、これは青裏のカード、青裏のカード……青裏のカードがここにあるのが見えますか？」と話します。カードを表向きに返して、これをデックの上に置く途中でトップ2枚のカードの下に左手の小指でブレークを作ります。

　ダブルターンノーバーを行い、2枚重ねをデックの上にのせて、青裏のカードを示します。あなたはひそかにダブルバックカードをひっくり返したことになります。今デックのトップにあって、青裏が上を向いています。「みなさん、今ベンは青裏のカードが見えているそうです。リチャード、このカードの色は何ですか？」と聞きます。彼は「青」と答えます。「ちょっと、リチャードはまだ催眠状態にいるようです。リチャード、ベン、よく聞いてください（指をパチンと鳴らします）。このカードはもう青いカードではありません。青いカードに見えていますか、リチャードとベン？」と聞きます。

　左手の親指でデックのトップカードを押し出し始めます。最初はゆっくりと、だんだんカードがテーブルの上にパラパラと落ちていくようにします。すると観客の目の前にすべてのカードが青く変化してしまったように見えます。話すのを止めないでこう言います「なんてことだよ、ベン……リチャード……指を鳴らしても戻らないなぁ。ちょっとしたトランス状態に陥ってしまいました。いいですか、家に帰る時に車を運転するなら、青信号を見たら絶対止まってください！」

ウィリアムソンズ・ワンダー

トーン・アンド・レストアード・トランスポジション

　２つのまったく異なったカードマジックのプロットを混ぜ合わせると、お互いが台無しになることも良くあります。この手順に関してはそうではありません。カードが自由にデックから選ばれます。それを覚えてもらってからデックに返してもらいます。マジシャンはデックの中央からカードを回転させて取り出します──残念ながら、それは違うカードです。うんざりしながら、このカードを４つに破ってテーブルに落とします。デックを広げてその中を見ながら、選ばれたカードを探します。
破り捨てた間違ったカードの破片を手の下に隠すように持っていてもらいます。マジシャンが選ばれたカードを観客の手の上で振ると、これが間違ったカードへと魔法のように変化します。観客が破ったカードの破片を確認すると、選ばれたカードに変化しています。マジシャンがその破った破片を一瞬持って、観客の手の下に返します。魔法のジェスチャーをかけると破片が繋がっており、これを開くと１枚のカードに戻っています。最後に折りたたまれたカードの折り目を消して、選ばれたカードを新品同様にします。

　デビッドが破ったカードと普通のカードが入れ替わるという現象を最初に始めた訳ではありません。初期の例としては、1930年代に奇術専門誌『Genii』に掲載されたクレイトン・ロウソンの手順があります。もっとも最近の例としては、『世界のクロースアップマジック』（リチャード・カウフマン著、TON・おのさか訳、東京堂出版、2014年）の一番最後に掲載された、ロバート・ステンシルの「ワンス・トーン・トゥワイス・レストアー」があります。

　これはデビッドのお気に入りの手順の１つで、プロとしてのクロースアップの仕事でよく使っているのですが、実はこの手順には２枚の同じカードが必要であるとあなたに伝えなければなりません。このことがあなたのやる気を削ぐかもしれませんが、デビッドはどんな状況下でもこの作品を演じています。彼はデックを２組買って、一緒にファローシャッフルをします。こうすればすぐに使える同じカード２枚組が52セット出来たことになります。同じ理由で、

トーン・アンド・レストアード・トランスポジション

プロマジシャンが使えるような"受ける"手順にするには、デックと数枚のコイン、あとはまぁカップと玉のセット以外に余分な同じカードや仕掛けなどを使ってはいけないという神話が存在します。これは決して本当ではありません。現時点でのアメリカのトッププロの多くは演技をするとき、余分な"手助け"を使っています。その余分なものを持ち運ぶための納得がいく方法や、現象が終わったときそれをすり替えたり、処理したりする納得のいく方法を彼らはただ上手いこと見つけているだけなのです。

マジック・ウォンドを上着の右内ポケットの中に入れておきます。

2枚の同じカードをここではスペードの9としましょう。この作品を演じる前に演じていたマジックの最後に、ひそかにスペードの9を1枚デックのトップにコントロールします。2枚の同じスペードの9をパームして、デックのトップに重ねます。観客にデックをシャッフルしたいか聞きながら、トップ3枚のカードの下にブレークを作ります。デックを観客に手渡しながら、ブレークから上にある3枚のカードを右手にパームします。観客がデックをシャッフルし終えたら、デックを左手ディーリングポジションに持ち、右手をその上に降ろして3枚の同じカードを加えます（この必要なカードをパームして取り去りデックをシャッフルできる状態にして、あとでパームしたカードを元に戻すというパターンは、1800年代半ばにホフジンサーがよく使っていました）。

デックの下半分を右手で取りオーバーハンドシャッフルを始めますが、左手の親指で引き取った最初のカードは左手の親指でインジョグします。残りのカードをその上に切り下ろしていきます。インジョグされたカードは今デックの中央付近にあり、このカードは3枚の同じカードの真上にあります。右手でデックをビドルグリップで持ち直し、右手の親指でインジョグされたカードを上にあげて、デックの中に押し込みながら左手の小指を差し込んで9のカードの上にブレークを作ります。

両手の間にカードを広げながら観客にカードを選ぶように言います。3枚の内1枚の9をクラシック・フォースして、このカードをデックから抜き出して覚えてもらいます。観客がカードを抜き出したらブレークを保持したままデックを揃え、ブレークから下にあるカードすべてのカットしてデックのトップに戻します（今デックのトップには2枚の9があります）。

III

ウィリアムソンズ・ワンダー

　左手に持ったデックをファン状に広げ、デックの中央のどこかに広くすき間を作ります。手を観客に伸ばし、「カードをお好きな場所に戻してください。あなたに何も影響を与えたくありません」と言います。もちろん、ほとんどの観客はファン状に広げたカードに出来たすき間を避けてどこか他の場所にカードを戻そうとするでしょう。観客がカードを他のどこかに差し込んだのを見たら「え、違うの？……いやありがとうございます！ご存知のようにこのマジック初めて演じるんですよ。冗談です」と話します。デックを大変クリーンに揃えたら、手から手へドリブルをしてカードをコントロールすることが不可能であることを示します。

　「あなたが心に思っているカードをデックの中央から飛び出させて、空中を6回転させて——なんと1ダースの半分！——それを別の手で受け取ろうと試してみます。**試すだけですよ！**　私は今週この練習に明け暮れました。もしうまくいったら褒めてくださいね」と言いながら、デックの内端をパラパラと弾き、手元を見下ろします。関係ないカードでしたら何でも構いませんので、そのカードの下に左手の小指でブレークを作ります。デックの中央付近に混ぜたスペードの9だけは避けたいところです。もし観客があなたのしようとしていることに気づいていたら、完璧です——これはゲームの一種なのです。

　デビッドのオリジナルなテクニックを使って、保持しているブレークの真上にあるカードをデックの中から飛ばして回転させ、右手に着地させます。左手でデックを持っています。左手の親指でデックの左側の縁と左外隅を強く押します。中指は同じように右外隅の同じ位置を押さえています。左手の人差し指はデックの前端に曲げて軽くかけます。左手の親指と中指はギュッと押してカードが動かないようにします。

　左手の小指でブレークから下にあるカードを押し下げ、左手の薬指をブレークの中に差し込み、見えている関係のないカードの表を強く押し上げます（図1）。中指の爪は短く切っておかなければなりません。そうしておけばカードを上に押し上げて、強いプレッシャーをかけることが出来ます。薬指を右にピン！と弾き、関係ないカードを右へ飛ばします——宙を回転しながら飛んでいくはずです（図2）。このカードを右手で取ります。

　「さあ行こうか……やったね！　ズバリあなたのカードです!!」と話します。

トーン・アンド・レストアード・トランスポジション

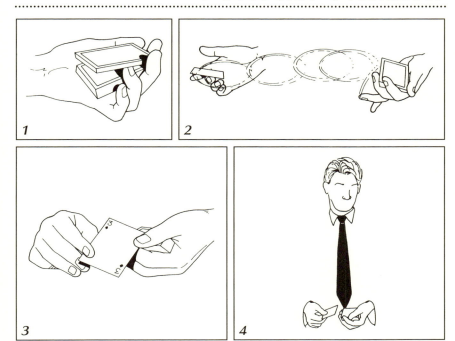

　上手くいった喜びでニコニコ笑っている間に、右手を傾けてカードの表を観客に示します。観客の反応に合わせて、笑顔を止めて、観客を見て「何か問題でも？」と聞きます。初めてここでカードを上から見下ろします。右手を手前に傾けてカードの表が上を向くようにしてあなたに見えるようにします。両手を一緒に動かして、左手の親指と人差し指でカードの左内隅をつかみます（図3）。図に示したように凸状にカードを少し反らせて、ちょっとした張力を作り出します。

　ここでトップチェンジを行いますが、デビッドのテクニックはちょっと風変わりです。右手を返しますと、カードが左手の親指と人差し指から外れてパチン！と音を立て、再び裏向きになります。観客をみつめ、肩をすくめながら「何のカードでしたか？」と聞きます。この瞬間、視線を上げ、肩をすくめ、話しながらトップチェンジを行います（図4に身体の位置を示しています）。肩をすくめているため、右手は自然に手を前後に振ることができるので、その間にカードはすり替えてしまいます。

実際のテクニックについて説明しましょう。左手の親指はデックのトップカードを少し右へ傾けます。左手の中指で1枚だけしか傾けていないことを確認します。左内隅は親指の付け根で押さえつけたままになっています（ちょうどメカニック・グリップでカードを持っている要領です）。カードの右外隅はデックの右側から少しはみ出ています。左手の親指を引いてデックの左外隅を隠し、トップから2枚目のカードがV字状に見えるようにします（図5は透視図）。左手の人差し指の先を曲げてデックの外端に軽くかけます。デックのトップカードを軽く下に押します。左手の中指で今押し出されたカードの右外隅を少し上にあげます。

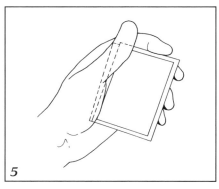

カードをすり替える時点で、左手の中指を上に押し続けながら伸ばすことでトップカードを右に動かすことができます（図6）。内端がデックから回転するように動き始めたら、右手に持っているカードを右側からデックの上に滑らせていきます。右手のカードは動いているカードに揃います（図7）。その瞬間、左手の

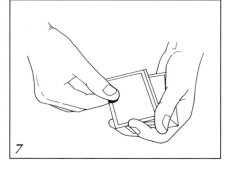

親指を右手に持っているカードの上に降ろし、右手の指先は動いているカードの下を持ち上げます。右手を逆の方向に動かし始め、右に動かしていきます。右手の親指で取れるようになるまで上から2枚のカードを上に押し上げながら引いていきます。左手の親指は上側のカードをデックに重ねてしまいます。

トーン・アンド・レストアード・トランスポジション

覚えておいていただきたい点はここです。1) 右手だけを動かします　2) デックからほんの5センチくらい離れた位置からはじまります――最後にカードを動かすのはほんの短い距離です。すべての動作は肩をすくめる動作の間に起こります。

さあ、今観客にカードの名前を聞きました。観客は「スペードの9」と答えます。「うーん…」と言います。両手を使って（左手の親指と人差し指は持っているデックからはみ出すようにしてください）右手に持っているカードを4つに破ります。カードの裏面を観客に向けて行います。これは筋の通った反応だと見えなければなりません。うんざりしながら、そして、観客の言うことを本当は信じていないように両手でカードを破るのです。破った破片をテーブルに落とします。

「スペードの9ねぇ、なるほど、ウソをついてないですよね？」と言います。デックを表向きにしてカードを広げ始め、スペードの9を探します。そうしながら「スペードの9がこのデックの中に入っているなんて信じられないんですが」と話します。スペードの9を見つけたらこれをアウトジョグします。そして「あ、デックの中にスペードの9がありますね。なんてバツが悪い！」と言います。

デック全体を横に返し裏向きにすると、アウトジョグされたカードは何の影響も受けません。デックを左手ディーリングポジションに持ち、右手は9を抜き取って、トップチェンジを行えるように持ちます。「そして、これがスペードの9。あなたが無表情なので、ここまであまり面白くないってことは分かります」と言います。左手の親指をデックのトップカードの上ののせ、トップチェンジの準備をします。

右に身体を向け、カードを持っている右手を伸ばしてテーブルの上にあるカードの破片を指し示し、「この○○（間違ったカードの名前を言う）を破った破片の上に手をのせてもらますか？」とお願いします。そして、右手を左手に近づけたときにトップチェンジを行います。「単

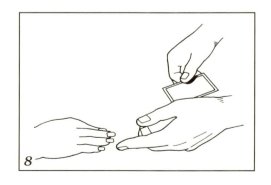

にあなたの手をこの上にのせてもらえれば良いのです」と言いながら、すぐに左手を前に動かしてジェスチャーを続けます (図8)。

　右手に持ったカードを観客の手の上で振ってからこのカードを表向きにして、観客の手の下にあるはずの間違ったカードに変化していることを示します。「見てください。(間違ったカードの名前) ですね。これは元々破り捨てたカードです。もう今は破れていません。最初にあなたが破片を1枚ずつ表向きにしていってください」と言います。左手の親指を使って、すぐにデックを表向きにして、右手に持っている関係のないカードをその上にのせます。右手でデックをビドルグリップに持ちます。観客が忙しくテーブルに置いてあるスペードの9の破片に目を奪われている間に、『エキスパート・カード・テクニック』(1941年) に解説されている"マーキュリー・カードフォールド"を行います。

　簡単に解説しますと、左手の人差し指の上側を使ってデックの一番下にあるカードを手前に押して中央でカードが曲がるようにします (図9)。左手の人差し指が右手の親指に平らに当たったら、カードは完全に2つ折りになります。左手の指先を内側に曲げてカードを4つ折りにします (図10)。大変早いスピードなのに最小限の動作でカードを折りたたむことが出来ます。

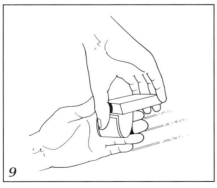
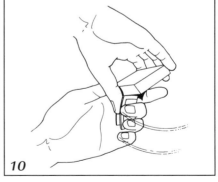

　ミスディレクションを加えるために、「お客様、これはパズルではありません。——4つの破片をひっくり返してください。なんと、これがあなたが元々選んだカード、スペードの9です。このマジック、素敵じゃないですか?」と話している間にデックを動かし、左手の指先の上に平らに置きますが、折りたたん

トーン・アンド・レストアード・トランスポジション

だカードをデックのボトムに押し付けるようにします。左手の親指をデックのトップを押し下げるようにします。破った破片を取り上げ、これを裏向きで持ちますが、開いた右手のフィンガー・パームの位置に置くようにします。「あなたは素敵なので、これをお土産として差し上げましょう」と言いながら、両手を近づけて、デックを右手に置いた破片の上に置きます。左手は折りたたんだスペードの9を持ったまま前へ動かし、観客に渡します（ちょっと非論理的な動作ですが、理にかなった動作に見えます）。「この破片をギュッと握ってください」と話します。

左手を元に戻し、デックを左手に持ちます。「魔法の棒がポケットに入っているのですが……」と話します。両手を同時に動かします。左手を身体の横を横切るようにして、ウォンドを右内ポケットからウォンドを引き出しながら、右手を素早く上着の右ポケットの中に突っ込み、破片を処理します。

「自然治癒の力って信じますか？？　あなたの身体を通してその力が湧き上がってくるのを感じてください」と話します。マジック・ウォンドを観客の手の上で振り、テーブルに置きます。観客に手を開いてカードを開くようにお願いします。その間に「見てください、奇跡です！　破片があなたの手の中で魔法のようにつながってしまいました」と言います。

デックを裏返してディーリングポジションに持ったままにします。観客から裏向きのカードを右手で取り上げますが、カードの右内隅を持ってトップチェンジが出来るようにします（親指が上、残りの指先が下）。観客は完全に油断しています。何故なら、カードが元どおりになった状態でもうクライマックスを迎えたので、マジックがこの時点で終わったと思っているからです。これは素人さんたちだけではなく、マジシャンたちも上手く騙されます。カードから折り目が無くなったときは皆がショックを受けます。トップチェンジを使って部屋中にいるマジシャンたちを騙すことが出来たことを知ったら、あなたの行った心理的なミスディレクションは完璧だったとわかるでしょう。

両手を近づけて、左手の親指と人差し指を伸ばして（デック越しに指を伸ばしてください）カードの折り目を伸ばして平らにします。トリックは本当に終わったように見えます。ここでトップチェンジを行って、両手の指先を使ってカードを押し続けて平らにしようとします。このカードを表向きにしてテーブ

ウィリアムソンズ・ワンダー

ルに置きます。手のひらを下に向けるように左手を返し、表向きになっているデックをテーブルの左側に置きます。誰もテーブルに置いてあるカードを見ていません——そして、たとえ素人さんでもそこに折り目があるかどうかなんて見ないでしょう。

　一歩下がって、「以前中国の方が経営するクリーニング店で働いていたんですよ」と話します。右手を上げ指を揃えて平らに伸ばし、口元に持ってきてハーっ！と息を吹きかけます。この右手をテーブルの上に置いたスペードの9の上に降ろしギューっと押し付けます。それと同時に洋服をプレスするときに蒸気が漏れ出るような音を口で「ぷしゅーっ！」と発します。右手を持ち上げ、「見てください、折り目はありません。新品同様です」と話します。カードを取り上げ、観客の側まで持ってきて、折り目が消えたことを示します。

　表向きになった9を使ってデックをすくい上げて取ります。これをひっくり返して、9が今裏向きになってデックのトップにあります。そして、その下にある折り目のある9をカバーしています。または9を表向きになったデックの上に落としてすべてを取り上げ、折り目のついた9をボトムパームしたい方もいらっしゃるかもしれません。そうすれば適当なときにこの9を処理出来ますし、デックは次に演じるマジックのためにクリーンな状態になっています。

51カーズ・トゥー・ポケット

　これは奇妙な手順で、選ばれてサインされたカードには何も起こりません。残りの51枚のカードがポケットに飛んで行ってしまいます。そして、選ばれたカードから観客のサインをはがし取って汚れのないカードにしてしまいます。このマジックのアウトラインは本当に表現しにくいのですが、デビッドがプロとして演じている素晴らしい、そして魅力的な演目です。

　余分なカード、細書きの黒のマーカーペン、サインを剥がしたように見せるための素材が必要です。これは「罫線引きテープ　ホワイトボード用」と言われるもので、幅が1.5ミリ、色が黒のものを使ってください[※注]。これはコクヨなどで発売されており、大きな文具店では必ず置いてある商品です。

　このテープは円形の容器に入っています。これを余分なカード（ここではクラブの2とします）の表に少し容器から引きだしてその中央に貼り、図1のように渦巻きを描くようにテープを貼っていきます。テープの粘着面がカードの表面に当たり続けるようにしてください（テープの扱いには最初ちょっと手間取ります。なので最初失敗しても諦めないでく

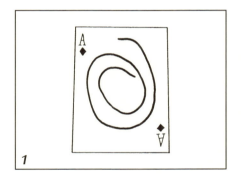

ださい）。カードの上にクネクネした線を張り付ければ十分で、観客のサインに似せる必要はありません。

　使う予定のデックから抜き出した関係のないカードを余計なクラブの2の上にのせます（この2枚のカードとも裏向きです）。この2枚のカードをズボンの右ポケットの中に表があなたの方を向くように入れておきます。

　デックを広げ、なんの準備もしていないクラブの2をひそかにデックのトップへコントロールします。このクラブの2を混ぜないように、デックをフォー

ウィリアムソンズ・ワンダー

ルスシャッフルします。「ほとんどのマジシャンが1枚カードを引いて欲しいと言いますが、私は51枚のカードを選んで欲しいのです。本当ですよ」と言います。右手でデックをビドルグリップで持ちます。これからクラブの2以外のカードを観客にフォースします。これは思っているよりも簡単です。「好きなところでストップという号令をかけてください」と話します。デックをテーブルの上に**素早くドリブルします**。最終的にトップカード（クラブの2）だけが右手に残るようにします。観客が途中でストップと言えないくらい、十分早くデックをドリブルしなければなりません。「このカードで良いの？ ではこの51枚のカードを覚えてください。何？……あぁ、たぶんあなたが**選ばなかった**1枚を覚えてもらった方が良いかもしれません」と言います。右手に残ったカードを返して、クラブの2であることを示します。

「ともかく、この51枚のカードにサインをして欲しいと思っています……何？……今夜のテレビで放送される大討論会を見逃したくないですって？ じゃあ、あなたが欲しくなかったカードにだけサインしてください」と言います。クラブの2をテーブルの上に置き、観客にマーカーペンを手渡します。「大きな文字でカードいっぱいにでっかくサインを書いてください——そして、ペンをカードから離さず一筆書きで書いて欲しいのです」と言います。観客がサインを書いたら「J、A、N、E、美しいですね！ 今もしや……小学校3年生ですか？」と言います。

サインしたカードを取り上げ、これを裏向きにして、左手ディーリングポジションに持ちます。「ジェーン、ありがとう。じゃあ、51枚の選ばれたカードを観客の皆さんに見せてください——おっと、私に見せないでくださいね。それらのカードが何か、私は知りたくないのです。これらのカードをデックのどこでも良いので戻してください。そして、よく混ぜたら私にはどのカードかまったく分からなくなります」

残りのデックを左手に持っているカードの上にのせたらすぐにオーバーハンドシャッフルを行って、最後の数枚は1枚ずつ切り下ろしていき、サインがついたクラブの2を最後にデックのトップへコントロールします。

「ジェーン、今から私たちが何をしようとしているか知ってる？ 今から51枚すべてのカードをポケットの中へ1枚ずつ飛行させていこうと思うんです」と言います。指をパチンと鳴らし、右手が空であることを見せてからズボンの

51カーズ・トゥー・ポケット

右ポケットに手を突っ込みます。上側にある関係ないカードを取り出します。「これが最初の1枚。飛んでいくのが見えましたか、ジェーン？これはあなたが選んだカードですか？**そのはずですよね**、消去法を使えばね。さあ、残り50枚が飛んでいきます。

右を向き、左手はあなたの横で構えています（図2）。ワンハンドカット（シャーリエカット）を行うように、デックを左手の指先で持ちます。デックのトップが観客に見えるように傾けています。「大変興奮されているように見えますね。よく見てください──手を深く突っ込んでくださいね」と言います。右側のお尻を観客に向けて、観客にポケットの中を探ってもらうと同時に右手をデックの上に近づけ、上の隅を右手の親指の股ではさんでしまいます。こうするために、右手の指先でデックのトップカードを少し前に押し出します（図3）。（これから行うことは、昔からあるステージマニピュレーションで使われた技法をフィリップ・ソクラテが改案したものです）。

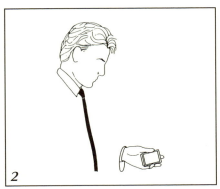
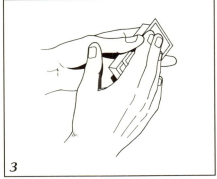

左手の人差し指でトップカード以外のデックを押し下げ、あなたの方に動かして右手の中に押し込みます（図4）。こうしながら「くすぐったがりではありません……」と言います。突然身体全体を回転させ、正面を向いて「私は既婚者なんで！」とと言います。身体の回転を終える前に右手を下げてズボンの右ポケットの中に入れます（図5）。これは大きな身体の動作で、手のぎこちない状況を隠したのです。右手でデックをポケットの中に入れますが、すでに入っている余分なクラブの2の後ろに入れます。

ウィリアムソンズ・ワンダー

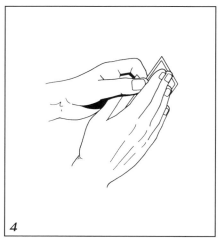

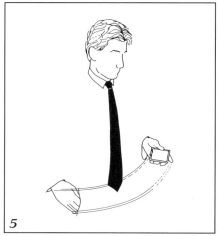

「たぶん、数枚のカードが飛んで行ったと思います」と言います。デックのボトムから数枚のカードをポケットから引っ張り出して、観客に示したら一瞬間をおいて、このカードを裏向きにしてテーブルに落とします（こうしている間、左手は残った裏面が観客の方を向いているサイン付きのクラブの2を持ち続けています。すべての注目は右手とズボンのポケットに集まっています——だれもあなたの左手には注目しません）。

右手をポケットに突っ込み、デックのボトムから多くのカードを引っ張り出して観客に示します。「そして、次の13枚です。これはあなたのカードですか??
　私もそう思います。事実そうですから。さあ、51枚のカードの残りです」こうセリフを言い終えながら、ポケットに入っている残りすべてのカードを取り出し裏向きにしてテーブルにおいてあるカードの上におきます。余分なクラブの2はデックのトップになければいけません。

「そして、もちろんたった1枚のカードだけが飛んでいきませんでした。あなたが選ばなかったカードです」と言います。左手を下げ、あなたの前に動かし、このカードを表向きにしてサインされたクラブの2であることを示します。これを弾いて右手に取って、テーブルに置いたデックから離して置きます。

デックを取り上げて揃え、左手ディーリングポジションに持ちます。右手で

51カーズ・トゥー・ポケット

すぐにサインされたカードをデビッドのトップチェンジを行えるように持ちます。これは「トーン・アンド・レストアード・トランスポジション」の113～114頁で解説してあります。「あぁ、たいしたことじゃありません、特に何でもないですから」と言いながら肩をすくめてトップチェンジを行い、サイン付きのクラブの2を罫線引きテープを貼り付けてあるクラブの2にすり替えます。

テーブルにデックを置いて、「あぁ、話は変わりますが、これ、私には不要です」と言いながら、カードを左手に渡し、表面が自分の方に向くように返します。罫線引きテープの端の1つをめくり、ゆっくりとテープをまっすぐに持ち上げてカードから剥がしていきます(図6)。テープの最後の端が剥がれそうになったら、カードを回転させてカードの表を観客に示します(図7)。テープを完全に剥がし、右手を観客の方に伸ばしながら「これ、もしよろしければ、お土産に持って帰ってもらって構いません。これ、本当はちょっとお高いんですよ」と話します。気が変わったように、あなたの親指と人差し指の間で罫線引きテープを丸めていきボール状にします。ペンのキャップを外し、その中に丸めたテープを入れ、再びペンにキャップをします。ペンを数回振って、ポケットの中にしまって終わります。

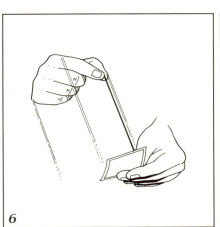

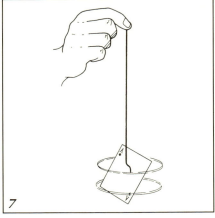

注：日本の規格ですと、幅1ミリと幅2ミリになっており、1.5ミリがありません。幅2ミリでも十分に使っていただけます。お試しください。

ウィリアムソンズ・ワンダー

ヘリコプター・シルク・バニッシュ

　立って演技をする皆さんにとって、これ以上ビックリするようなシルクを消す方法は中々お目にかかれません。演者は左手が完全に空っぽであることを示し、その中にシルクのハンカチをマジック・ウォンドの端を使って押し込んでいきます。演者の両手がいつなんどきたりとも近づかないのに、シルクは消えてしまいます。引きネタは使いませんし、消えた後は両手は空ですしクリーンな状態です。

　30センチ角シルク、マジック・ウォンド、サムチップが必要です。また、上着を着ていなくてはなりません。準備として、サムチップを右手親指に装着します。手順の流れでこの技法を行うときは、ウォンドを左脇にはさんでいて、シルクを右手指先で持っていなくてはなりません。

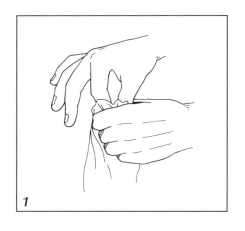

　両手はシルク以外を持っていないことを示します。手のひらを観客に向けます。左手の指を握ってこぶしにしますが、親指側の穴が上を向くようにします。右手を手のひらを下にして動かし、左手の周りで大雑把にジェスチャーをします。右手を左手の握りこぶしに下げ、前に垂れ下がっているシルクの端をサムチップの中に1つの動作でギュッと押し込みます（図1）。すぐに右手の親指からサムチップを抜き取り、左手の握りこぶしの中にそれを残し、すぐに右手の人差し指でこぶしを突っつき始めて、このときにサムチップの中にシルクの端を押し込みます。そして、すぐに右手の中指でシルクを中にすこし押し込みます。ここでのポイントは親指の動作は最小限であるだけではなく、右手の人差し指と中指の動作が素早く続くの

ヘリコプター・シルク・バニッシュ

で観客には気付かれないし、覚えてもいません。

　シルクの大部分が左手の握りこぶしの上に垂れ下がっています。右手で左脇の下にあったウォンドを取り、その中央を持ちます。このウォンドの下の端を使ってシルクを完全にサムチップの中へ押しこんでいきます（図2）。

　ウォンドの先でシルクの最後の部分を押し込んだら、ウォンドの端をサムチップの中にギュッと押し込みますとウォンドの端はこの中で楔のような役目を果たします。サムチップはウォンドの端にしっかりとはまり込みます。ちょっと練習すればどの生地を使えば良いか、最後の数回押し込むときにどの位置で押し込めばいいか、すぐにわかるでしょう。

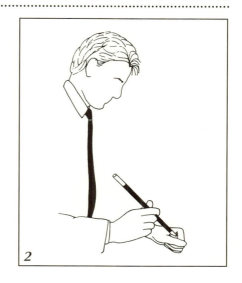

　こうしたら、左手の親指でウォンドのもう一方の端を押しながら両手は回転させて左手の親指側にある穴は右を向くようにします。ウォンドも水平にします（図3）。

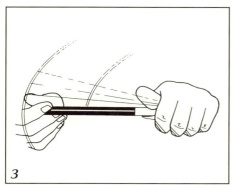
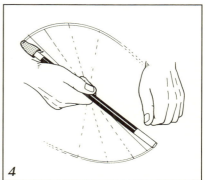

ウィリアムソンズ・ワンダー

　左手の指先から力を抜いて、手からちょっとだけ下げます。サムチップが脱出するときに十分なスペースをこうして作るのです。ここで2つのことを一度に行います。右手の中指でウォンドのウォンドの端を押し下げ、最終的に左手の中に入っているウォンドの端をあなたの向かって回転するようにして、最終的にサムチップが右手首に当たるようにします（図4）。サムチップが左手の指の中から脱出したら、左手の握りこぶしを返します（図5）。すぐに何もないウォンドの端で左手の握りこぶしを小指側の穴から1〜2度突っつきます。

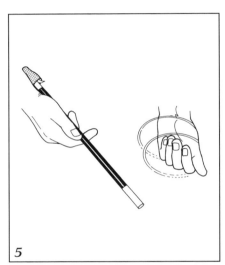
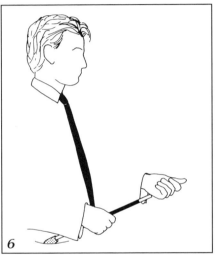

　一旦間をおき両手を離したら、少しだけ元に戻します。同時に身体を右に向けます。身体の向きを変えながら、右手はサムチップが付いているウォンドの手前端を上着の右ポケットへと誘導します（図6）。これは観客から見えません。何故なら身体の左側が今観客の方を向いているからです。下側の端を押し付けながら前に動かし、ポケットの前の隅に引っかかるようにします。ウォンドの端を引き、布にこれを押し付けてサムチップを取ります。サムチップはポケットの中に落ちていき、そこに残ったままになります。

　右手で素早くウォンドを持ち上げ、握った左手のうえで振ります（ダイ・ヴァーノンの"ウォンドスピン"を演じるなら、今が完璧なタイミングです）。握った左手の指をニギニギして開き、シルクが消えたことを示します。

魔王の刃

　普通のテーブルナイフを演者が取り上げ、布製のテーブルナプキンで磨きます。ナイフの刃をこすっている内にうっかりナイフでナプキンの中央に穴を開けてしまって、布の反対側にナイフの刃が突き出てしまっています。突然ナイフが溶けるように完全に消えてしまいます。もちろん、ナプキンは元どおりになります。

　道具が手元にあれば、ほぼどこでも演じることができます。小さなギミックを作るのにもそんなに時間はかかりません。安物のテーブルナイフの先、約5センチを切り取ったものが必要です。これを曲げた左手の中に隠しておくところから始めます。刃先は人差し指の指先に向くようにします（図1）。あと、上着を着ていなければなりません。

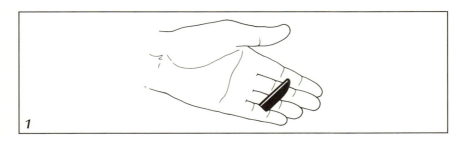

　布製のナプキンとギミックと似たテーブルナイフ（どこのレストランやパーティでも見つけることが出来るものです）をそばに置いて、準備完了です。

　ナプキンを右手で取り上げ、振って開き、左手の上にかけます。左手が隠れたら、左手を手の平が上を向くように返して指先を伸ばします。ナプキンの大体中央辺りがギミックの上にのっているようにしなくてはなりません。

　右手でナイフを取り上げ、その刃をナプキンの上に置きます。これは布の下にあるギミックと揃うように置かなくてはなりません。両方の刃は向きが揃っていなくてはなりません。右手はまだナイフの柄を持って、左手はナプキンで

ウィリアムソンズ・ワンダー

ナイフの刃を磨いているようにこすります。

1〜2秒そうしたら、左手の親指（布越しに磨いています）をナイフの刃の上側に動かしてのせるとナイフとギミックを一緒に持つことが出来るようになります（親指が上、人差し指が下）（図2はナプキンが透視図になっています）。

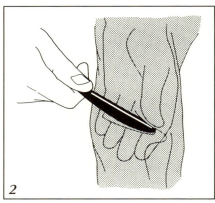 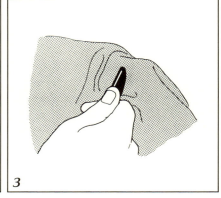

こうすると右手を自由に出来ますので、これを前に動かしてナイフとギミックを一緒につかみますが、ナイフの刃が右手の親指と人差し指の先から2.5センチ突き出ているようにしてください（図3）。すべてを右手でしっかり持ったら、左手を放します。

もう1つ。右手を前に滑らせてナイフを持ち直す時、ナイフの柄の先が上着の右袖に向くようにします。

左手をナプキンの前側に垂れ下がっている縁に伸ばし、持ちあげます。両手の間に持っているナプキンはピン！と伸ばして右手と同じ高さで左手を構えます（図4）。ここで2つのことを同時に行います。左手は持っているナプキンの前端を素早く持ちあげ、弧を描くように手前に動かしながら、右手の親指は本物のナイフの刃を手前にずらします——こうすることでギミックだけが右手の親指と人差し指から突き出して、ナイフがナプキンを破ったように見えます（図5）。

魔王の刃

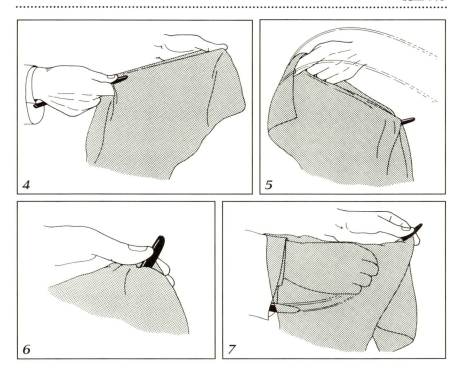

　左手は持っているナプキンの端を落とし、ナプキンが完全に右手の上にかかるようにします。左手はナイフの端へと動かし、人差し指を下、親指を上に当てます。このギミックをつかみながら、ナイフの先を2.5センチ手前に引きます。左手の人差し指で布をその前に包み込むようにします（図6）。左手の人差し指は実際に布越しにギミックを押し付け続けなくてはなりません。その間図のように左手の親指はギミックの上にのせています。左手の中指、薬指、小指は（親指側の）ナプキンとギミックの上に動かしていることに注意してください。

　左手でナプキンとギミックをしっかりつかんだら、右手の指先を手前に弾いて、ナイフを右袖の中に弾き飛ばします（図7：ナプキンが透視図になっています）。

　両手を持ちあげ、左手は右手に持っていたナプキンとギミックを取ります。左手を直接あなたの前に移し、ギミックが上を向くようにします。ナイフの先はずっと見え続けているために、ナイフはナプキンの中でぶら下がっているよ

ウィリアムソンズ・ワンダー

うに見えます。

　ナイフの消失は素早く行われます。右手の人差し指と中指の先で垂れ下がっているナプキンの端を掴みますが、左手がちゃんと見えているようにしてください。左手の親指でギミックを下にずらして指の中に引き込みます（図8）。刃が見えなくなった瞬間、左手の人差し指からナプキンを外して落とすと、完全に空であることがわかります（図9）。右手でその端を持っているので、ナプキンは床に落ちません。ギミックは最終的に左手にフィンガー・パームされます。

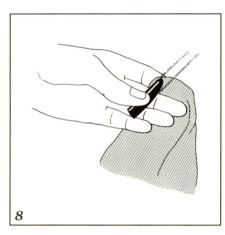
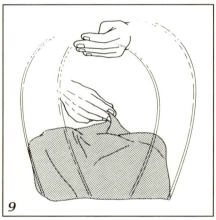

　ナイフを再び取り出す必要はありません。マジック的に言っても、それはクライマックスに反します。大きな現象はナプキンが落ちた時に起こります。このマジックを演じる時は誰かの家やレストランのディナーテーブルに座っている可能性もあります。ある程度の時間が経ってから、右手を下ろして左手を使ってナイフを袖から引き出すのは容易なことです。

　この現象は本当に才能があるオハイオ州デイトン在住のブルース・アレンと共同制作したものです。

ザ・ゴールド・カップス

　デビッドはJ. N. ホフジンサー、ジョン・ラムジー、トミー・ワンダーたちの伝統にのっとって、古典的なカップと玉の手順でも２つのカップを使っています。これはプロマジシャンにとってすべての要求を満たしています。そして、デビッドは様々な状況下で10年以上もの間この手順を変わらず使い続けてきました。これは1981年に彼がIBMコンベンションでの受賞演技の締めくくりを飾りました。彼はクロースアップの演技で第１位を獲得しただけではなく、同時に総合優勝のゴールドカップも受賞しました。この手順は元々マイケル・アマーが企画していた様々なカップと玉の作品を集めた本に掲載される予定でした（この計画は流れてしまいました）。イラストは大変才能のあるイラストレーター、グレッグ・マンワーリングが当時準備していました。彼によるイラストのおかげでこの解説文がより優雅なものになっています。

　カップ２つ、マジックウォンド、小さな玉３つ（以下では玉とします）、クライマックスに取り出す果物３つが必要です。加えて、ダローが広めた小さな押し笛が２つ必要です[注1]。これは丸い枕のような形をしていて、これを押すとピヨピヨ音が鳴ります。片方の押し笛から音を鳴らすプラスチックの筒を取り除きます。音がなる押し笛を上着の右ポケットに入れておきます。音が鳴らない押し笛はズボンの左ポケットに入れておきます。果物は上着の左ポケットの中に入れておきます。ウォンドは上着の右内ポケットの中に入れておきます。

　準備：口を上に向けた最初のカップの中に３つの玉の内１つを入れます。口を上に向けた２つ目のカップを最初のカップに重ねて、その中に残り２つの玉を入れます。

　第１段：口を上に向けた重なっているカップを右手に持ちます。重なっているカップを前に傾けて、上側のカップの中に入っている２つの玉を前に転がるようにテーブルに落とします。カップの口を伏せるように重なったカップを２つのボールの間に置きます（図１）。しばらく話して両手が空であることを見せます。

ウィリアムソンズ・ワンダー

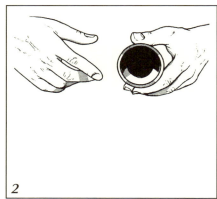

　左手を手のひらが下を向くようにして、重なったカップを取り上げます。手のひらを重なったカップの側面に押し付けるようにして、左手の親指をテーブルに近づけるようにして持ってください。重なったカップを持ち上げて、左手を返して観客にカップの中を示します（図2）。図2の中で示しているようにカップの近くに見えている右手を後ろからカップに近づけます。左手に持っている手前側にあるカップを右手で掴んで引き抜きながら、このカップの口を上に向けます（図3）。余分なボールは右手に持っているカップの中に隠されたままです。

　左手を回転させてカップの口を上に向けます。右手を下から上へ回転させて左手の上に移して、持っているカップを左手に持っているカップの中に下ろし始めます（図4）。カップ同士が重なる直前に、右手は持っているカップを左手に持っているカップの中に落とします。カップの重さで両方の少しカップは

ザ・ゴールド・カップス

ずり下がり、左手の親指と人差し指は今ちょうど落としたカップを掴むことになり、下側にあったカップは（持っていた左手の親指と人差し指でこのカップをもう掴んでいないので）下に落ちます——これを右手で受け取ります（図5）。正しく行えば、右手に持っていたカップが他のカップを溶けるようにスムーズに貫通したように見えます。右手はすぐにカップを傾けて口を観客の方に向けて観客中には何が空っぽであることを見せます（図6）。観客は両方のカップも演者の両手も空っぽだと信じます。

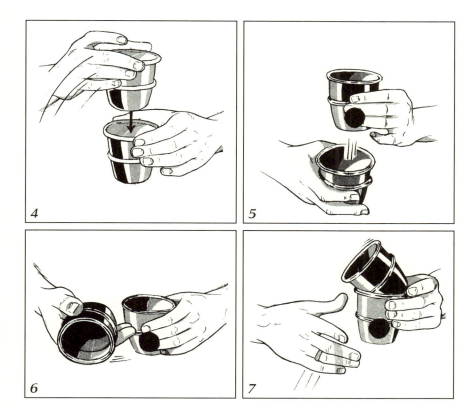

右手はすぐにカップを手前に20センチほど放り投げ、空中で完全に一回転させてから左手に持っている口を上に向けているカップの中に受け止めます（図7）。左手はすぐに重なったカップの内部を観客に示し、上側のカップが空であることを見せたら、再びカップの口を上に向けます。

ウィリアムソンズ・ワンダー

右手で下側のカップを掴んでこれを引き下げながら左手に持ったカップから離し、口を下に向けてテーブルの上にのせます(図8)。スムーズに素早く行えば、カップの中に残っている玉はカップをテーブルに伏せるまでの間カップの中にとどまったままになっています。左手は再びカップの中を観客に示します。右手でこのカップを受け取って、口を下に向けて最初のカップの20センチ左側に置きます。玉をそれぞれのカップの上にのせます。

第2段：両手を同時に動かします。右手を上着の右ポケットの中に突っ込み、音が鳴る押し笛をクラシック・パームします。左手は体の前を横切るようにして右内ポケットからウォンドを取り出します。こうする時に身体を少し右に向けると、左手の大きな動作によって右手の小さな動作は基本的に気付かれにくくなります。

右手を右側のカップに近づけます。その上にのっているボールを右手の親指と人差し指で軽くつまみます。つまむたびに、曲げた右手の中指でクラシック・パームしている押し笛を押して音を立てます。「あなたもピーピー音を鳴らすことができますよ」と言います。右手でボールをカップから取り上げて観客の前に置き、再び音を立てます。右手を引きながら左手を前に動かし、持っているウォンドをカップの向こう側（観客に近い側）に置きます。左手をズボンの左ポケットの中に突っ込み、**堂々と**音が鳴らない押し笛を取り出します。

鳴らない押し笛を右手の親指と人差し指に持ち替え、数回つまみます。そうしながら右手の中指でパームしている押し笛を同時に押しますと、指先にある押し笛から音が鳴っているように見えます。「これは私が考えた騙されやすさのテストなんですよ——試してみてください。ネズミ用のブーブークッションです」と言いながら、右手で指先に持っている押し笛をテーブルに置きます。

ザ・ゴールド・カップス

　ボールを右側に置いたカップの上に戻します。再び右手の人差し指でテーブルに置いた押し笛を1～2回押しますが、同時に中指でパームしている押し笛を押して音を立てます。観客も押し笛を押しますが、まったく音がしないことが分かります。「思っていたより騙すのは簡単かもね」と言います。

　押し笛を右手で取り上げたら左手に持ち替え、これをズボンの左ポケットにしまいながら、右手を上着の右ポケットに一瞬入れ、音が鳴る押し笛を入れてしまいます。次の演技のために押し笛をリセットしたことにお気づきかと思います。

　第3段：右手でウォンドを取り上げ、これを左脇の下にはさみます。身体に左腕を押し付けて保持します。右手で右側に置いてあるカップの上にのっている玉を取り上げ、これを左手の中に入れたフリをします（図9）。

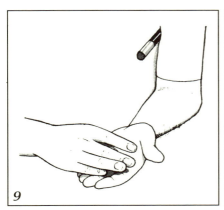
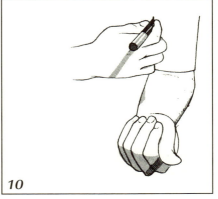

　デビッドは手のひらを上に向けた右手に玉を持ちますが、親指と中指の上側の間にはさむようにして持ちます。右手を手のひらを上に向けた左手の前に上げながら右手を手のひらが下を向くように返し、玉が親指と中指の下側の間にくるまで手前に回転させます。この時点でボールの下側は実際に左手のひらの上に実際に触れていて、右手の甲が観客の方に向いています。右手を5センチほど上げ、左手を軽く握って技法を終えます。

　右手を左脇に保持しているウォンドに伸ばして取りながら、右手の親指で玉

137

をフィンガー・パームできるまで転がしていきます（図10）。右手でウォンド
を左脇の下から取ったら、手の中に玉を隠し持ちながらドラマーがスティック
を回転させるフラリッシュ"ザ・ドラマーズ・ウォンド・スピン"※注2 を行います。
テキサスのジョニー・ブラウンがデビッドにこのフラリッシュを教えました。
最初のウォンドを持つ位置が大変重要で、ここが数日でマスターできるか、数ヶ
月かかるかの違いを生み出します。右手の親指と人差し指、中指でウォンドの
中央より5センチくらい右側を持ちます。こうしますとウォンドの多くの部分
が右手の親指と残りの指先の左側にくることになります。右手の薬指と小指は
軽く曲げて邪魔をしないようにしています。このフラリッシュを学ぶには、ま
ず最初は必ず床に水平になるようにウォンドを持ってください（図11）。

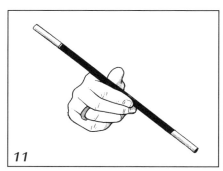

優しく右手の中指を手前に弾いて、
親指の周りでウォンドを回転させま
す（図12）。弾く力が強すぎると、
ウォンドは手から飛んでいくでしょ
う。最初はウォンドをゆっくり回転
させて親指の後ろ側を超えるくらい
になるように挑戦してみてください。
ウォンドを回転させるために必要な
バランスを感じることが出来たら、

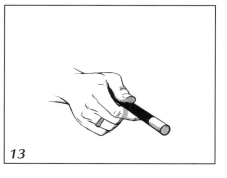

回転速度を速くしていきます。ウォンドは親指を軸にして完全に360度回転
するでしょう。こうするとウォンドは2回転したように見えます。回転の最後
に右手の人差し指と中指を開いてこれを受け取ります（図13）。指先がほんの
少し動く以外、ウォンドが回転している最中右手は動かしません。そして、右

手の甲を観客に向くようにしています。手の中はすべて観客から隠れています。

握った左手の指先をニギニギしている間にウォンドを回転させます。ウォンドが回転を止めたら左手を開き、ボールが消えたことを示します。ウォンドを左脇の下に戻します。

身体を前に倒し、左手を左側に置いたカップの左横に下ろします。右手でカップの下側についている淵を右手の親指、中指そして薬指を使って包み込むようにつかみます。左手を手のひらを上に向けてカップ上部の左横で構えます。一般的な玉のロードをここで行います。右手でカップを少し持ち上げ、右手の中指を手前に引くことでカップの上部を左に少し傾けます。カップが傾いたら上にのっていた玉が左手の指の上に落ちます（図14）。カップをテーブルに戻しながら、フィンガー・パームしている玉をカップの中にロードします。

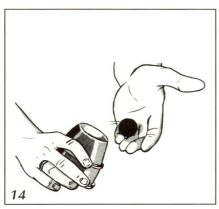
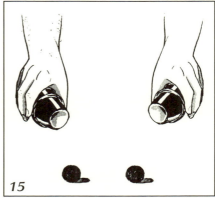

身体を伸ばし玉を握ります。左脇の下にあるウォンドを右手で取り、ドラマーズ・ウォンド・スピンを行います。間をおいて左手を開き、そこにまだ玉があることを示します。ウォンドを左脇の下に戻します。

玉を右手の上に落とし、すぐに左手で右袖を引き上げます。図9で示した玉の消失を行い、右手に持っていた玉を左手に持ち替えたように見せます。右手にボールを保持して、これをフィンガー・パーム出来るように手の中で転がしながら右手で左袖を引き上げます。そして左脇の下からウォンドを取り上げま

す。ドラマーズ・ウォンド・スピンを行って、左手を開き2個目の玉が消えたことを示します。

　ウォンドの端を使って両方のカップを手前に倒し、その中にあった玉を見えるようにします。

　第4段：右手でウォンドを持ち続けている間、左手は両方のカップを前へ延ばして再び玉をカップの下に隠します。これは怪しげに行って、左手の指の中に何かを隠し持っているかのように見せます。「このボールがこっちから向こうへ、このボールが向こうからこっちへ移動します」と言います。こう言いながらセリフに合わせてウォンドをカップの上で左右に動かします。まず右から左に、次に左から右に動かすのです。ウォンドを2つのカップの間に置きます。両手を手のひらを下に向けるように返して、それぞれのカップの上に下ろします。同時に両方のカップを持ち上げ一歩下がります。そして両腕を身体の脇に下ろします。観客は玉がどうなったか不思議に思いますが、何も起こっていないことが分かるので観客はここで一瞬気が抜けます。この時、両手に持っているカップを回転させて口を上に向け、曲げた指先の中にのせるようにします（図15）。右手の玉をひそかに右手に持っているカップの中に落とせるようにします。

　素早く右手に持っているカップの口を下に向けてテーブルの上に置いてある右側にある玉の上にかぶせます。もしスムーズに行ったなら、テーブルの上にカップが到着する前に中に入っている余分な玉は下に落ちません。

　ウォンドを取るためにこうして右手を自由にしながら身体を前に倒します。左手で持っているカップも口を下にしてテーブルの上にある左側の玉の上にかぶせようとします（図16）。カップを前に少し傾けますが、カップの前側の縁がテーブルに触れたままにします。ウォンドの先端を使ってカップの下にある玉を左へ叩きます。しかし、玉は左手の中にフィンガー・パームできる位置まで転がっていきます。カップをすぐにテーブルの上に伏せます（図17）。

　まっすぐ立って、ウォンドを左手に手渡します。右手の指先をパチンと鳴らし、ウォンドの先端を使って左側のカップを手前に傾けて中に入っていた玉が消えたことを示します。ウォンドとフィンガー・パームしている玉を一緒に大胆に右手に渡します。両手を図18のように素早く近づけて、ウォンドとボールを

ザ・ゴールド・カップス

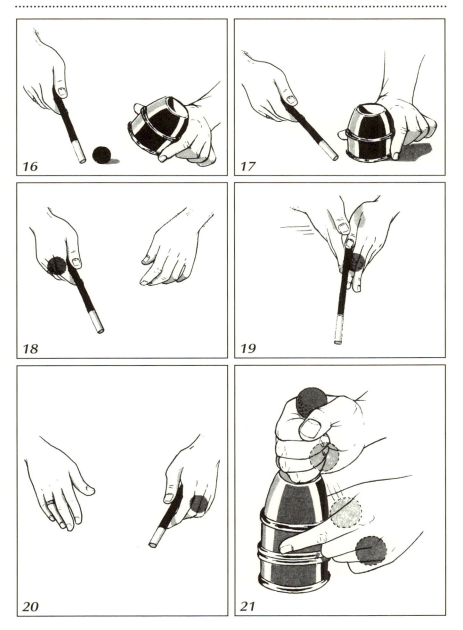

右手に**投げ込みます**（置くのではありません。図19は実際よりも両手が近づき過ぎています）。玉はウォンドの下にほとんどくっついた状態で、一緒になって宙を5〜7.5センチ飛んでいきます。右手で両方をつかんだら、玉をフィンガー・パームします（図20）。これは実際に見てみないとこの真価を味わえないでしょう——飛んでいくボールは見えません。

　右側にあるカップをウォンドの先端で叩いたらこれを使ってカップを手前に倒し、その下に2つの玉があるのを示します。

第5段：左手で右側にあるカップを持ち上げ、右手はウォンドをテーブルの中央に置きます。左手に持っているカップを右手に渡しながら、図15に示した通り右手にフィンガー・パームしている玉をカップの中にロードします。空になった左手をテーブルに戻し、もう1つのカップを口を下に伏せてテーブルの中央に置きます。右手は持っているカップをテーブルの上に置いてあるカップの上に重ねます。これでカップの間に玉を1つロードしました。

　見えている玉を右手で1つ取り上げ、これを握り、重ねたカップの上にのせます。ボールは握りこぶしの上にのせています。同時に左手で上側のカップを左手の親指と人差し指で掴みます。左手の中指、薬指、小指を軽く握って受け取る準備をします。最後に左手は右手の真下にくるようにします。これでチャーリー・ミラー・ムーブのデビッドによる改案を行う準備が出来ました。玉を右手の握りこぶしの中に通します。そのまま握りこぶしの下から落ち、カップの後ろで構えている左手の中に入りますのでこれをフィンガー・パームします（図21）。両手を上げ、上側にあるカップを持ち上げて玉が下側にあるカップの上にのっていることを示します。両手を離し、左手で上側にあるカップを持ちます。カップの口が上を向くように回転させ、ひそかにフィンガー・パームしている玉をカップの中に落とします。同時に、右手はテーブルに置いてあるカップを持ち上げて前に傾け、玉をテーブルに落とします。左手はカップの口を下に向けて、テーブルの上に落ちているボールの上にかぶせます。これで2つの玉がこのカップの下に隠れていることになります。間を置かずに左手はまだ見えている玉を取り上げ、これをこのカップの上にのせます。カップを右手から左手に移します。
（素人の観客に演技をする際、デビッドはこのチャーリー・ミラー・ムーブの改案にはちょっと角度に制限があることに気づきました。彼はこの部分を普通の

チャーリー・ミラー・ムーブを使って、玉を左手に落とすのではなく右手にフィンガー・パームするようにしてよく演じています。この場合、ムーブを行った後、左手に持っているカップを右手に受け渡し、左手でテーブルに置いてあるカップを持ち上げてその上にのっている玉をテーブルに落とすために傾けている時に、右手はフィンガー・パームしているボールをカップの中にひそかに落とします。右手は玉がロードされたカップをテーブルに落とした玉の上にかぶせます。これでここまでの解説と同じ状況になりました)。

　ここでどうしてカップの底をボールが貫通していくかウソの解説をします。これは一般的なカップの底を貫通するウォンドのマジックを行って解説をします。右手の親指、中指、薬指でウォンドを掴みます。右手の人差し指はウォンドに沿って伸ばして休ませます。左手はカップを持ちますが、口がまっすぐ右を向くようにします。ウォンドをカップのそばに動かして、ウォンドをカップの中に突き刺したように演技をします。実際にはカップの中には右手の人差し指だけを突っ込んでいます——ウォンドはカップの後ろを通っています(図22があなたから見た図、図23が観客から見た図です)。

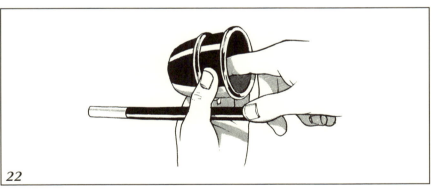

22

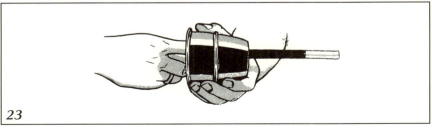

23

ウォンドをカップから引き抜いたらすぐにカップの上部を観客に向けて、ウォンドの先でカップの底を叩いて硬いことを示します。ウォンドをテーブルに置いて、見えている玉を右手で取り上げます。これを親指と人差し指の上側の間にはさむように持ちます。ちょうど、手順の最初にお教えした玉を消す時の位置に持っているのです（玉を左手の中に入れる時の持ち方です）。今回はボールを親指と中指の間に転がして、テーブルの上に置いてあるカップの上にのせるフリをしながら左手を下げて持っているカップを右手の親指と残りの指先の上で構えます。一番最後の瞬間、玉を親指と中指の間に隠し持ちながら右手をどけます。同時に左手は持っているカップを下側にあるカップに重ねます。右手に持っているボールは親指を使ってフィンガー・パームしながら、ウォンドを取りに行きます。

　ウォンドでカップを叩きます。左手は上側のカップを持ち上げ、そこに置いたボールが消えたことを示します。右手は持っているウォンドの先端を使ってテーブルに置いてあるカップを手前に傾けてその下に2つの玉があることを示します。

　第6段：ウォンドをテーブルに置きます。2つの玉を30センチほど離して置きます。「ボールを1つ片付けましょう」と言います。右手で右側にあるカップを取り上げ、口を上に向けて持ちます。こうしてフィンガー・パームしている玉をカップの中にひそかに落としながら、左手はこのカップの下にあった玉を取り上げ、上着の左ポケットにしまうフリをします。左手をポケットから出した時には、実際には軽く曲げた指の中にボールを隠し持っています。この間に、右手に持っているカップを口を下にしてテーブルの上に置きます。

　右手で左側のカップを取り上げ、これを左手に渡します。左手は口を上に向けたカップを持ち、ひそかにフィンガー・パームしているボールを中に落とします。右手でこのカップの下にあった玉を取り上げます。左手に持っているカップは元の位置の置き直します。

　この手順の最初にお教えした方法を使って、右手に持ったボールを左手に渡すフリをします。そのあと左手を握りながら、右手は玉をフィンガー・パームします。握っているボールをしまうように左手を上着の左ポケットに突っ込みます。中に入っている果物の1つをつかみ、軽く握った手の中に隠し持ってポ

ケットから出しながら右手で右側にあるカップを持ち上げてその下にボールがあることを示します。右手はカップを左手に渡しますが、このとき最初の果物をロードします（図24）。

　果物をロードしたカップの底を観客の方に向けながら、カップを右手に持ち直します。左手でテーブルにある玉を取り上げます。右手は果物がロードされたカップをその位置に置きます。

　左手は玉を上着の左ポケットの中に入れてしまいます。同時に２つ目の果物を掴みます。右手はウォンドの先端を使って左側のカップを叩いてから、ウォンドを再びテーブルに置きます。右手を使って左側にあるカップを持ち上げ、その下に玉があることを示します。すぐに右手にフィンガー・パームしている玉をカップの下にひそかにロードします。右手でこのカップをテーブルに戻し、ウォンドでこれを叩き、持ち上げてその中に２つの玉があることを示します。このカップを左手に渡しますが、２個目の果物をロードします。

　カップの底を観客に向けながら右手に渡します。空になった左手で左側にあったカップの下にある２個のボールを取り上げます。右手で果物をロードしたカップを玉が置いてあった場所に置きます。これでそれぞれのカップの中にはそれぞれ果物が入っています。

　右手で玉の１つを左手から取り上げます。左手に残ったボールを上着の左ポケットの中にしまうフリをしますが、実際には手の中に残します（最後の果物

はまだ掴みません)。左手をポケットの中から取り出したら、すぐにシャトルパスを行い、右手に持っていたボールを左手に渡したフリをします。実際にはボールは右手にフィンガー・パームされています。左手に隠し持っていたボールを見えるようにします。左手を本当に上着に左ポケットの中にしまい、空っぽの状態で取り出します。

　右手で右側にあるカップを取り上げますが、右手の薬指と小指を曲げてその下で構えます。こうするのは2つの目的があります。第1に薬指で中に入っている果物が落ちてこないようにする、第2に小指でフィンガー・パームしている玉を転がし、カップの下から玉が転がり出てきたように見せるのです。カップを元どおり置き直します。

　見えている玉を右手で取り上げ、これを左手にのせたフリをして右手にフィンガー・パームしてしまいます。左手を上着の左ポケットに突っ込み、持っている玉を片付けたように見せます。続いて左手はウォンドを取り上げ、片方の端を口に当てます。ウォンドを縦に持って下に垂れ下がるようにします。右手でウォンドの下の端をつかみます。フッ！と強く上の端を吹きます。同時に右手に隠し持っていた玉を落とします。本当に奇妙で説明のつかない方法なのですが、ウォンドの中からもう1つの玉を吹き出したように見えます。

　左手で玉を取り上げて上着のポケットにしまい、3つ目の果物を掴みます。こうしながら右手を観客に伸ばしてウォンドを持ってもらいます。左手をポケットから出します。果物は軽く曲げた指の中に隠しています。

　観客にどちらかのカップを叩くようにお願いします——左側のカップを叩いたとしましょう。このカップを右手で持ち上げて、最初の果物を取り出します。このカップを左手に持ち、3つ目の果物をロードします(図25)。右手で最初の果物を取り上げながら、左手はカップをテーブルに戻します。

　最初の果物を右側のカップの上にのせます(図26)。ウォンドでこのカップを叩き、上に果物をのせたまま持ち上げ、左側にあるカップの上からかぶせます(図27)。これで2つ目の果物を取り出しました。

　ウォンドで両方のカップを叩き、ゆっくりと重なったカップを持ち上げ3つ

ザ・ゴールド・カップス

26

27

28

目の果物を取り出し、これをすべての道具の中央に置いて終わります（図28）。

注1：押し笛という名前で手芸用品店で購入できます。手のサイズにあったものをお選びください。

注2：これはペン回しの分野で日本では「ノーマル」、海外では「Thumb Around（サム・アラウンド）」と呼ばれている基本の技です。「ペン回し　ノーマル」「Thumb Around Pen Spinning」と検索をかけると、いろいろな指導動画やウェブサイトが出てきますので参考になるかと思います。

訳者あとがき

　本書は『Williamson's Wonders』(Richard Kaufman著、Kaufman and Greenberg刊、1989年) の完訳です。

　私が一番最初に氏の演技を見たのは1988年のことでした。当時、ほぼ誰も氏の名前を知りませんでした。しかし、氏の演技の圧倒的なパワーとスタイル、面白さに誰もが大笑いしてビックリしたのでした。運良く1990年に名古屋で開催されたマジックの大会で氏のショウのお手伝いをさせて頂いた時、そのハチャメチャな演技のスタイルとは裏腹に、大変真面目で真摯な方だと分かりこれも驚いた覚えがあります。

　もし氏の演技をご覧になったことがなければ、YouTubeなどで「David Williamson」と検索してみてください。もしくは、氏の集大成とも言える4枚組DVD『Ridiculous』(Essential Magic Collection刊、2014年) の1巻に収録されている氏の45分にわたるショウを是非ご覧ください。このショウはご家族で観ても十分に楽しめる、数少ないDVDの1枚です。

ご存知ない方はこちらから購入できます。
http://essentialmagiccollection.com/albums/david-williamson-ridiculous

　確かに氏のショウは大変面白いのですが、それ以上にマジックそのものが大変不思議なのです。1981年に国際的なマジックの組織IBMの世界大会でクロースアップ・マジック部門の1位と総合優勝のゴールドカップを受賞されていることから、その技術の高さはお分かりになるかと思います。
　それ以上に、氏はさまざまなマジックのプロットを考案する天賦の才能を持っているのです。マジックのタネや仕掛けを考案される方は非常に多いのですが、マジックのプロットを考案される方は非常に少ないことを見ても、氏の才能の豊かさを感じ取ることができるでしょう。
　観客が選んだ51枚のカードがポケットへと魔法のように飛行する、がま口の口金と袋が外れてしまうところから始まるコインマジック、魔法の棒を振るだけで物体が消えてしまう……こんな奇想天外なことを思いつくマジシャンはそうそうお目にかかれません。これは本書が発表されて四半世紀経った今でも

著者あとがき

言えることです。

　そして、氏は1990年代に有名になる前、プロマジシャンとして長い間活躍されていました。それはマジックの大会に出演したりなどではなく、地元などで地道にプロマジシャンとして活動されていました。その活動は決して華々しいものとは言えません。しかし、その当時の経験がいかに観客を楽しませ、そして不思議がらせるか？という一番大切なミッションを真摯に考えることへと繋がっていたようです。地道な経験と才能が合わさって、素晴らしい化学反応が起こった結果が、本書に収録されている作品の数々なのです。
　氏の作品は世界中のプロマジシャンたちのお気に入りになっているところからも、その質の高さがお分かりいただけるかと思います。

　1990年代にマジックの世界を席巻し世界中のテレビ番組にも多く登場されましたが、マジックの世界での露出は減っていきました。しかし、実際は企業展でのショウ、クルーズシップなどで大活躍されていました。特にディズニーが主催するディズニー・クルーズラインでは大変人気のエンターテイナーで、その演技の素晴らしさは今も昔も変わりありません。

　本書は比較的薄い本になっていますが、その薄さに騙されないでください。本書に収録された作品群は、すべて氏が実際にプロとしてさまざまな場所で演じてきた作品ばかりですので、その効果は保証付です。これが、本書を世界中の一流マジシャンたちが絶賛している理由です。
　中には難しい演目もありますが、練習さえすれば確実に演じることができる作品ばかりです。先ほど紹介いたしましたDVDを参考に、是非マスターしてみてください。きっと練習に費やした労力は報われるはずです。本書での解説にはDVDではさらりと流されている重要事項が詰まっています。基本的に初心者の方から上級者の方までお楽しみ頂ける内容になっています。
　また、本書には氏が今まで発表してきたレクチャーDVDには発表されていない作品（コインマジックが多いです）もいくつか収録されていますので、氏の演技をすでにご存知の方にもお楽しみ頂けるものと思っております。これらの作品もすべてが素晴らしいものです。

　もし基本技法などが分からない場合は、本文中で触れている東京堂出版から発売されている『世界のコインマジック』（リチャード・カウフマン著、TON・

ウィリアムソンズ・ワンダー

おのさか和訳、2004年)、『カードマジック事典』(高木重朗編著、1983年)、『コインマジック事典』(高木重朗、二川滋夫編著、1986年)、『ロベルト・ジョビーのカード・カレッジ』シリーズ (ロベルト・ジョビー著、加藤友康、壽里竜訳、2000〜2007年) などを参照してください。これらの本はどなたの書架にも必須の本です。なお本文中に触れられている洋書については、刊行後25年近く経った今では入手不能なものもございます。その点に関しましてはご承知ください。今でも作品が入手できるものに関しては代替の作品を注としてご紹介してあります。

　本書を訳すにあたり、様々なインプットをして頂いた著者のリチャード・カウフマンさん、お話を聞かせて頂いたデビッド・ウィリアムソンさん、いつも叱咤激励を頂く小野坂東さん、いつも英語的な質問に答えてくれるスティーブ・コーエン、森繁優実さんご夫妻、異文化交流の研究家で准教授のショーン・テンホフさん、多くの相談にのって頂いた森口健司さん、私にやきもきされっぱなしの名和成人さんにも感謝致します。ありがとうございました。いつもスケジュール管理をしてくれる妻の由佳里にも感謝します。

　そして、最後に本書を手にしていただいた読者の皆様に深く感謝致します。本書が少しでも皆様のお役に立つ事が出来ましたら、これ以上の喜びはありません。

　　　　　　　　　　　　　　　　　　　　　　　　　　　　角矢幸繁

リチャード・カウフマン (Richard Kaufman)
1958年生。マジック専門書の著者および出版をメインに、20世紀後半のマジックの世界をリードしてきたアメリカのクロースアップ・マジシャン。イラストレーターとしても著名で、著書の挿画の多くは本人のもの。50冊以上にも及ぶ著書の1つ1つは、豊富な図解と微細な解説で、世界中のマジシャンの評判を得ている。最近はマジックの専門誌「GENII」の権利を10年程前に譲り受け、現在その編集、刊行に忙殺されている。

角矢幸繁 (かどや・ゆきしげ)
1969年愛知県生。愛知学院大学文学部日本文化学科卒業。翻訳家。亡き父からの影響で幼少のときからマジックや演芸に親しむ。学生時代よりニューヨーク在住のプロマジシャン・文筆家・批評家のジェイミー・イアン・スイス氏などに師事。来日するマジシャンの通訳、マジック解説書などの翻訳を長く行い、また、奇術専門誌にマジックに関する文章を執筆。著書に『英語でペラペラマジック』(2006年)、『ジェイミー・イアン・スイスのクロースアップ・マジック』(2008年)、訳書に『デレック・ディングル カードマジック』(2009年)、『ロン・ウィルソン プロフェッショナルマジック』(2011年)、『ジェイ・サンキー センセーショナルなクロースアップ・マジック』(2012年)、『ホァン・タマリッツ カードマジック』(2013年)、『エリック・ミード クロースアップマジック』(2014年) いずれも東京堂出版などがある。

デビッド・ウィリアムソン　ウィリアムソンズ・ワンダー

2015年12月15日 初版印刷
2015年12月30日 初版発行

著　者──リチャード・カウフマン
訳　者──角矢幸繁
発行者──大橋信夫
ＤＴＰ──小野坂聰
印刷所──図書印刷株式会社
製本所──図書印刷株式会社

発行所──株式会社 東京堂出版
　　　　〒101-0051 東京都千代田区神田神保町1-17
　　　　電話 03-3233-3741　振替 00130-7-270

ISBN978-4-490-20928-0 C2076　　　　　　　©2015
Printed in Japan

ジョン・バノン カードマジック	ジョン・バノン著 富山達也訳	A5判196頁 本体3,000円
エリック・ミード クロースアップマジック	エリック・ミード著 角矢幸繁訳	A5判180頁 本体3,200円
ヘルダー・ギマレス リフレクションズ	ヘルダー・ギマレス著 滝沢敦訳	A5判160頁 本体3,200円
ホァン・タマリッツ カードマジック	ホァン・タマリッツ著 角矢幸繁訳・TON・おのさか編	A5判368頁 本体3,200円
ロン・ウィルソン プロフェッショナルマジック	リチャード・カウフマン著 角矢幸繁訳	A5判238頁 本体3,200円
ジェイ・サンキー センセーショナルなクロースアップマジック	リチャード・カウフマン著 角矢幸繁訳	A5判184頁 本体2,800円
世界のカードマジック	リチャード・カウフマン著 壽里竜和訳	A5判296頁 本体3,600円
世界のクロースアップマジック	リチャード・カウフマン著 TON・おのさか和訳	A5判336頁 本体3,500円
ブラザー・ジョン・ハーマン カードマジック	リチャード・カウフマン著 TON・おのさか和訳	A5判400頁 本体3,900円
デレック・ディングル カードマジック	リチャード・カウフマン著 角矢幸繁訳・TON・おのさか編	四六判432頁 本体3,900円
ラリー・ジェニングス カードマジック	リチャード・カウフマン著 小林洋介訳・TON・おのさか編	A5判334頁 本体3,800円
アロン・フィッシャー カードマジック	アロン・フィッシャー著 小林洋介訳・TON・おのさか編	A5判172頁 本体2,800円
図解カードマジック大事典	宮中桂煥著 TON・おのさか編纂	B5判700頁 本体6,400円
カードマジック フォース事典	ルイス・ジョーンズ著 土井折敦訳	A5判416頁 本体3,700円
カードマジック カウント事典	ジョン・ラッカーバーマー著 TON・おのさか和訳	A5判260頁 本体3,600円

（定価は本体＋税となります）